1. Heimatschrift für das östliche Unterallgäu

Der Prozess gegen Ludwig, Freiherr von Vogelsang und seine Frau Vera, geb. Waibel

von Alois Epple

Bibliografische Information der Deutschen Nationalbibliothek: Die Deutsche Nationalbibliothek verzeichnet diese Publikation in der Deutschen Nationalbibliografie; detaillierte bibliografische Daten sind im Internet über dnb.dnb.de abrufbar.

Herstellung und Verlag: BoD – Books on Demand, Norderstedt

ISBN: 9783753444963

Vorwort

Zur Namensgebung der Ludwig-Aurbacher-Schule in Türkheim hielt ich einen Vortrag über Ludwig Aurbacher. Anschließend kam ich ins Gespräch mit dem damaligen Landrat Andreas Haisch. Er meinte, dass man den Vortrag veröffentlichen sollte. Ich entgegnete, dass dies in den angrenzenden Gebieten möglich wäre: Es gibt in Memmingen den Spiegelschwab, in Landsberg a.L. die Landsberger Geschichtsblätter, im Landkreis Augsburg die Jahresberichte des Heimatvereins, in Kaufbeuren die Kaufbeurer Geschichtsblätter, nur im Unterallgäu gibt es nichts Vergleichbares. Nach einer Woche hatte der Landrat die Kreisheimatpfleger eingeladen, um über so ein Publikationsorgan zu diskutieren. Ich durfte auch dabei sein. Das Ergebnis dieser Sitzung war: Nach Meinung der Kreisheimatpfleger wäre so eine Schrift schön, allerdings macht sie auch Arbeit. Und deshalb wollten, so hatte ich den Eindruck, die damaligen Kreisheimatpfleger so eine Schrift nicht. Nun, für mich war die Sache damit erledigt. Ich veröffentlichte weiter meine „Türkheimer Heimatblätter".
Ein regelmäßig erscheinende Schrift zur Geschichte des Unterallgäus gibt es freilich immer noch nicht. Deshalb entschloss ich mich, mit dieser Publikation eine neue Reihe von Geschichtsblättern zu eröffnen. Es sollen überwiegend Themenhefte werden. Wer mich hierbei unterstützen will, ist herzlich willkommen.

Alois Epple

Einleitung

Vor einiger Zeit machte mich Herr Werner Büchele auf eine Prozessakte im Staatsarchiv Augsburg aufmerksam.

Staatsarchiv Augsburg: Landgericht Kempten, Strafkammer 5/99

Zuerst hinderte mich „Corona", diesen Akt zu lesen. Dann war ein Zutritt ins Staatsarchiv Augsburg wieder möglich. Der Akt ist so umfangreich, wie es eben Prozessakten sind. Vieles wiederholt sich. So entschloss ich mich, die wichtigsten Dokumente zu transkribieren und hier zu veröffentlichen.

Um diesen „Prozess" einordnen zu können, empfiehlt sich Reinhard Seitz (Hg.): Wörishofen – Auf dem Weg zum Kneippkurort, zu Bad und Stadt, Lindenberg 2004, S. 160 – 164. Hier schreibt Seitz S. 161: „Vom Jahrgang 1898 der „Wörishofener Zeitung" sind bis jetzt keine Exemplare bekannt, wohl aber für das zweite Halbjahr 1899". In den Prozessunterlagen finden sich jedoch einige „Wörishofer Zeitungen" von 1898 und es wird nun klar, warum sich gerade in Wörishofen keine weiteren Exemplare erhalten haben. Auch kann hier manche Lücke geschlossen und manche Spekulation bekräftigt oder korrigiert werden. Vor allem liegen nun einige Daten zum Lebenslauf der Eheleute Vogelsang vor, die Seitz noch nicht kannte. Einige Male wird hier kurz der Vater von Ludwig Vogelsang erwähnt. Dieser war aber eine bekannter Publizist, Politiker und Sozialreformer gewesen. So gab die österreichische Post 1990 eine Sondermarke zu seinem 100. Todestag heraus.

Die Untersuchungen des „Falls Vogelsang" fanden in den Jahren 1898 und 1899 statt. Dies ist eine für Wörishofen interessante Zeit, war doch Kneipp 1897 gestorben und es ging nun um die Zukunft von Wörishofen nach Kneipp. Weiter ist auch Frau von Vogelsang als Kneipps „Sekretärin" eine nicht uninteressante Person.[1]

Hier wurde möglichst „wörtlich" transkribiert. Manchmal wird „Voglsang", meistens jedoch „Vogelsang" in den Protokollen geschrieben. Auch bei „Gengel" und „Gengl" handelt es sich um die gleiche Person.

---

[1] August Filser: Der Seelsorger Sebastian Kneipp, in: Jelena Stojkovic (Hg.): Windhauch, Norderstedt 2020

Brief von Ludwig von Vogelsang an Dr. Uherek in Immerstadt

Immenstadt, 20. Febr. [18]98

Euer Hochwohlgeboren!

Im vorigen Jahre habe ich begonnen, durch mein in Wörishofen bestehendes Auskunfts- + Verkehrs-Bureau für die Curgäste Gesellschafts-Ausflüge in die nähere u. weitere Umgebung zu veranstalten. Von dieser Einrichtung haben die Fremden sehr zahlreich u. gerne Gebrauch gemacht, weil, wie Eur Hochwohlgeboren bekannt, Wörishofen keinerlei landschaftlichen Reize bietet. Zu diesem Zwecke wurden von meinem Bureau eigene Gesellschaftswägen engagiert u. ein Theil des Weges z.B. nach Kaufbeuren, in diesen zurückgelegt. Nachdem erläuternden Beschreibungen vorhergegangen waren, wurden jedesmal die Theilnehmer durch Aviso in der Zeitung u. durch, mit Bildern versehene Placata gesammelt. So dirigierten wir eine große Anzahl von Personen zB nach Füssen u. Hohenschwangau. Viele derselben stationierten dann längere Zeit dort, u. gewiß nicht etwa der Schlößer wegen, die sie doch nur einmal besichtigten, sondern der schönen Gegend halber, die sie eben in Wörishofen vermissten. Viele der Theilnehmer bedankten sich nach ihrer Rückkehr eigens für den ihnen verschafften Genuß, u. erkundigten sich angelegentlich, ob nicht noch ähnliche Parthien zu machen seien, in schöne Gegend, u. mit längerem Verweilen, wo jedoch gleichzeitig Gelegenheit sei, die Kneippcur fortzusetzen.
Nachdem mir nun Immenstadt wegen seiner schönen Lage, Nähe zu Wörishofen, leichter Erreichbarkeit u. dem Besitze einer Kneipp'schen Anstalt, als ein in dieser Beziehung vorzüglich geeigneter Ort erscheint, bin ich hieher gereist, die hiesigen Verhältnisse etwas kennen zu lernen.

Namentlich die Ausländer, welche sich für die Kneipp-Cur interessieren, kennen nur den Namen Wörishofen als den Ort, wo diese Cur ausgeübt wird. Wenn sie aber einmal dort sind, gefällt ihnen leider meist der Ort, die Gegend u. die Verhältnisse nicht, u. fast täglich hört man die frage, ob denn die Cur nicht auch anderswo in schönerer Gegend u. in besserem Clima gemacht werden könne.
Heute fehlt Wörishofen ja auch noch das Einzige, was den Fremden, dem Ort u. Verhältnisse keineswegs convenierten, dennoch oft durch Monate dort festhält - Kneipp. Es scheint demnach fast das Bedürfnis vorhanden, einen Teil der Fremden, die in W[örishofen] nicht verweilen mögen, für längere Zeit einen in jeder Hinsicht günstig situierten Ort empfehlen zu können, mit schöner gesunder Gebirgslage, an einer Hauptverkehrslinie, u. versehen mit einer guten Kneipp'schen Curanstalt.
Ich bin der Überzeugung, daß ein ganz bedeutender Theil des jährlichen Stromes, der die K'sche [Kneippsche] Cur Gebrauchenden sich leicht nach Immenstadt wenden würde, das so viel des Schönen bietet. Denn gerade dieser Ort scheint hiefür besonders geeignet.
Meine Absicht ist es nun, hier das erforderliche Material zu sammeln u. in einer Serie von, in der Wörish. Ztg.[Zeitung] periodisch erscheinenden Artikeln auf die Vorzüge Immenstadt's u. dessen Umgebung als Cur: u. Erholungsort hinzuweisen.
Vielleicht könnten Euer Hochwohlgeboren mich mit den hiesigen masgebenden Persönlichkeiten, Fremden= oder gemeinnützigen Vereinen etc., denen an der Hebung des Fremdenverkehrs in Immenstadt gelegen ist, in Verbindung setzen. Ihrer so schön gelegenen Anstalt könnte die Sache jedenfalls nur Nutzen bringen.
Die Wörish[er]. Ztg. [Zeitung] wird besonders in diesem Jahre [1898] an den Kartenpunkten des Verkehrs, Bahnhöfen,

Hafenplätzen etc. zur Vertheilung gebracht. Auch in der Bodensee-Gegend sind bereits rührige Agenten aufgestellt. Wenn nun die in dieser Sache maßgebenden Persönlichkeiten in Immenstadt ähnliches Entgegenkommen bethätigen wie zB. in Lindau, das als Ausflugs- u. Vergnügungsort empfohlen wird, so ist wohl mit aller Sicherheit anzunehmen, daß sowohl die Stadt als auch das Friedrichsbad einen bedeutenden Nutzen hiedurch erfahren werden. Die oben erwähnten Reclame-Artikel würde ich auf meine eigenen Kosten veröffentlichen, sobald ich das nöthige Material hiefür besitze. Andererseits müßte naturgemäß eine ständige, vielleicht Collections-Annonce der Stadt oder der Vereine diesen Artikeln als Stütze dienen.
Jetzt ist, meiner Überzeugung nach, die geeignetste Zeit, da man kapitalkräftige Fremde, die vielleicht ein anderes Jahr nicht mehr nach W.[Wörishofen} kommen, auf die hiesige schöne Gegend aufmerksam machen, u. vielleicht viele für dauernd für hier gewinnen kann.
Es wäre mir sehr erwünscht, wenn ich in dieser Angelegenheit mit Euer Hochwohlgeboren, als einer in dieser Angelegenheit jedenfalls competenten Persönlichkeit Rücksprache nehmen könnte, u. würde es mich sehr interessieren, bei dieser Gelegenheit das Friedrichsbad kennen lernen zu können. Vielleicht sind Sie so liebenswürdig mir im Laufe des Tages im Gasthof z. Hirsch [in Immenstadt] wissen zu lassen, wann ich das Vergnügen haben kann, Sie zu besuchen.

In vorzüglicher Hochachtung
Frh. L. v. [Freiherr Ludwig von] Vogelsang

Bemerkung zur Kuranstalt Friedrichsbad:

Nach seiner Niederlassung in Immenstadt im Jahre 1882 betrieb der praktische Arzt Dr. Constantin Uherek im Gebäude Ob der Aach 3 eine Frauenklinik. Am 1. Juli 1889 eröffnete er darin eine Wasserheilanstalt, in der Patienten mit Wasserkuren nach der Methode des Pfarrers Sebastian Kneipp behandelt wurden. Da aber die Räumlichkeiten den Ansprüchen nicht genügten, bauten Uherek und der Hotelier Leonhard Herrmann neben der Frauenklinik im Jahre1890 ein größeres und zweckentsprechendes Gebäude (Ob der Aach 2). Es wurde als Wasserheilanstalt "Friedrichsbad" am 24. Mai 1891 in Anwesenheit Kneipps eröffner und erfreute sich bald eines guten Rufes. Infolge der Geldentwertung nach dem ersten Weltkrieg kam die Kuranstalt zu Erliegen.

Kuranstalt Friedrichsbad in Wörishofen, Ende 19. Jahrhundert

Brief von Ludwig von Vogelsang an die Münchener Druckerei Schuh & Comp, bei der Vogelsang die Wörishofer Zeitung drucken ließ

Bureau der „Wörishofener Zeitung"

Immenstadt, Freitag den 25. Febr. 1898

Herrn G. Schuh & Comp
München

Soeben erhalte ich, auf dem Umwege über Memmingen, Ihr Schreiben von gestrigem Datum.
Gleichzeitig erhalte ich aus dessen Beilage Kenntnis von dem Schmähcirculare des Herausgebers des „Kneippianer", J.M. Steinweg.
Selbstverständlich werde ich sofort die erforderlichen Schritte einleiten, um diese Angelegenheit bei der Staatsanwaltschaft anhängig zu machen. Wahrlich traurig müsste es um den Rechtsschutz in Bayern bestellt sein, wenn derartige Schurkenstreiche nicht die gebührend Strafe fänden.
Ich weiß nicht, ob Ihnen näheres über die Persönlichkeit des Steinweg bekannt ist. Aus mehreren, im Laufe der Zeit erschienen Artikeln in Fachblättern, in welchen sein Charakter und Gebahren beleuchtet wird, hätten Sie diese Kenntnis erlangen können.
Bei einiger Kenntnis der Wörishofener Verhältnisse – wenn Sie diese nicht haben, beneide ich Sie aufrichtig deshalb! – würden Sie sofort erkannt haben, daß es sich hier um ein schmutziges Concurrenz Manöver infamster, schurkischer Art handelt.
Einige handgreifliche Lügen werden wahrscheinlich auch Sie selbst in diesem Opus entdeckt haben. So z.B. wissen sie ja,

daß u[nd]. an wen sie den größten Theil der Blätter nach Wörishofen gesandt haben, nämlich an Frl. Anna Waibel, welche von dort aus die Expedition besorgte.
Von der Ausschreibung eines mir gehörigen Pferdes in Sachen Geromüller habe ich ebenfalls durch die mir übersandte Nr. des „Kneippianer" Kenntnis erhalten.
Aus dem beigelegten Schriftstücke (Quittung u. Erklärung) des Geromiller ersehen Sie, daß die Sache, sobald sie zu meiner Kenntnis gelangt war, sofort von mir geordnet wurde, wie halt selbstverständlich gar keine Versteigerung stattfand.
Wenn die Ausschreibung trotzdem stattfand, so ist dies einer Perfidie zuzuschreiben.
Was die Sache Geromiller selbst anbelangt, so muß ich Sie auch noch mit einer kurzen Darlegung derselben ermüden, da mir natürlich daran gelegen ist, daß Sie die Sache richtig beurtheilen.
Im Frühjahr vorigen Jahres pachtete ein gewisser Werkmeister aus Schw[äbisch]=Gmünd von mir eine Wiese, um daselbst eine Rosencultur anzulegen.
Er ließ diese Rosencultur durch seinen Gärtner, Namens Riederle, betreiben. Pacht erhielt ich vom Werkmeister keinen, da ich ihn auch nie darum drängte u. ihn für einen anständigen Menschen hielt. Im Herbst v.J. [vorigen Jahres] nun erklärte mir W.[erkmeister], daß er von W[örishofen] weg müsse, Geschäfte halber, u. daß er seine Rosenanlage verkaufen möchte. Sein Gärtner (resp. Compagnon) Riederle mache aber so gute Geschäfte damit, indem er oft 40 M täglich für die Rosen einnehme, daß der W[egmeister] ihm gerne die Möglichkeit schaffen möchte, die Anlagen in Pacht zu behalten. Es sei dies jedoch nur möglich, wenn ich, da das Grundstück ohnehin mir gehöre, auch die Rosen von ihm (W.) kaufe, da er dann sicher sei, daß kein anderer Pächter werde.
Trotz meines anfänglichen Sträubens ließ ich mich leider schließlich doch bewegen, die Rosencultur zu kaufen um 2500

M[ark]. nachdem mir W[erkmeister]. durch Pachtvertrag 1000 M jährlich zugesagt, u. für seinen Gärtner Diedecke, Garantia übernommen hatte. Zwei Ascepte waren bald darauf fällig, u. wurden von mir pünktlich eingelöst. – Am 1. Okt. sollte der Pacht angetreten werden. Den Tag vorher ging der Pächter von hier weg u. theilte mir mit, daß er den Pacht nicht antreten wolle. Ich erkannte jetzt, daß das Ganze eine abgekartete Sache zwischen Werkm[eister] und seinem Compagnon Riederle war. Denn auch Werkmeister verschwand indessen, u. plötzlich erhielt ich die Nachricht, daß er Concurs gemacht habe. Er hatte in Wör[ishofen] den reichen Privatier gespielt, war Comite! Mitglied beim Volksfest gewesen etc u. hatte den dortigen maßgebenden Persönlichkeiten durch seine protziges von jenen für nobel gehaltenes Auftreten sehr zu imponieren verstanden.

Bald darauf wurde mir ein widerlicher Wechsel präsentiert mit M 900.- den ich sofort als von W. im Datum gefälscht erkannte.[2]

Selbstverständlich wies ich dies Falsiferat zurück u. der Inhaber dieses Wechsels, ein auswärtiger Jude, mußte einsehen, daß er diesen gefälschten Wechsel gerichtlich nicht geltend machen konnte.

Da plötzlich kam Geromiller zu mir u. erklärte mir in sehr kleinlauter Weise, er habe den Wechsel dem Werkm[eister] girirt, den er eben auch für einen soliden u. sogar reichen Mann gehalten, obwohl er ihn nicht näher gekannt habe.

---

[2] AFrdl. Hinweis von August Filser, Bad Wörishofen: Es dürfte sich um ein Geschäft handeln, mit dem per Wechsel eine Zahlung verbindlich zu einem bestimmten Termin versprochen wird. Das Wechselgesetz (WG) hat hier strenge Anforderungen (international), wonach selbst bei gefälschter Unterschrift alle haften, die auf dem Wechsel durch Giro (Weitergabe) unterschrieben haben. Wahrscheinlich wollte Vogelsang der Beweisführung wegen der Unterschriftsfälschung über einen Prozess aus dem Wege gehen. Geromiller hätte als Girant in jedem Falle zahlen müssen.

(In Wirklichkeit hatte ihm eben das „. „noble" Auftreten imponiert!) jetzt so sehe er freilich ein, daß er unvorsichtig gehandelt habe, mich nicht vorher darüber zu befragen, ob die Sache ihre Richtigkeit habe. Aber an ihn halte man sich jetzt, u. er müsse den Wechsel einlösen, ob ich denn nicht so gut sein möchte, ihm dies wenigstens zu erleichtern.
Ich stellte ihm (G.[eromiller]) vor, daß ich ja hiedurch auch die einzige Möglichkeit verliere, mich an Werkm[eister]. für den Betrug mit den 1000 M[ark]. Pacht im Concursverfahren schadlos zu halten. Schließlich ließ ich mich aber dennoch herbei, vielleicht in übertriebener Gutmüthigkeit, dem Geromiller zu versprechen – wenn er, wie er jetzt behauptete (er war nie mein Freund) – wirklich im Vertrauen darauf, daß auf dem Wechsel mein Name stand, den Wechsel girirt habe, - ihn vor Schaden zu bewahren.
Ich gab ihm dies Versprechen sogar schriftlich, nachdem er mir zuvor hoch u. heilig versicherte, daß es selbstverständlich ganz mir überlassen bleibe, wann ich ihm den Betrag den nach dem Gesetze er bezahlen mußte, meinerseits gebe.
Es sei ja nur pro forma eine Frist zu bestimmen.
Ich gab dem Geromiller dann ungefähr zu Neujahr 160 M[ark]. als einen Theil dieser Summe. Er versicherte mir bei dieser Gelegenheit nochmals seines Dankes dafür, daß ich diese Zahlungsverpflichtung freiwillig übernommen habe.
Als ich nun von ihm ein schriftliches Übereinkommen verlangte, betr. die Zahlung der Restsummen von da M[ark] 740, versicherte er mir, daß es dies ja doch bei ihm nicht brauche, ich werde doch seinen Worten glauben u. er sei ja sehr froh, daß ich ihm die Zahlung freiwillig zugesagt, u. ich könne selbstverständlich die Restzahlung machen, wie ich wolle w[ann]. es mir am Besten passe. Er versprach mir selbstverständlich mich niemals diesb[ezüglich]. zu belästigen.
In größter Freundlichkeit u. mit Händeschütteln verabschiedete er sich hierauf von mir.

Bald darauf – ca. Mitte Januar – unternahm ich eine kleine nachträgliche Hochzeitsreise, mit der ich gleichzeitig eine Geschäftsreise, im Interesse des Blattes, verband. In Buchloe am Bahnhofe traf ich zufällig Geromiller. Kein weiteres Wort mehr von dieser Angelegenheit, freundlichst ja devoteste Begrüßung seinerseits, Händeschütteln, etc. – Nichts weniger hätte ich jemals gedacht, als daß Geromiller irgend eine Perfidie gegen mich im Schilde führe!
Da erhalte ich plötzlich, auf meiner Reise, von befreundeter Seite die briefliche Mittheilung, daß bei mir verschiedenes mit gerichtlichem Arrest belegt worden sei. Ich war natürlich ganz consternirt über diese Nachricht u. beauftragte sofort meinen Rechtsanwalt, sich zu erkundigen, um was es sich denn handeln könne. Denn ich hatte ja keinerlei gerichtliche Zustellung etc. bekommen, u. hielt die Sache daher anfänglich für eine irrthümliche Nachricht.
Der Anwalt reiste sofort nach Türkheim [an das Gericht] u. theilte mir dann mit, daß es sich allerdings um die Sache Geromiller handle, der unbegreiflicherweise durch allerhand Schleichwege bei Gericht den Arrestbeschlus bewirkt habe. Als zu erlegenden Betrag für Aufhebung der Mastregel seinen M[ark] 1000 festgesetzt worden
Ich wollte es unter diesen Umständen nicht auf einen Prozess ankommen lassen, der die Sache zu weit hinausgeschoben hätte, obwohl ich gute Aussichten gehabt hätte, zu restiren. Denn diese Mastregel war ein so unberechtigter, als ich ja weitaus mehr Besitz in Wörishofen hatte, als zur Deckung nothwendig war.
G[eromiller]. hat die Mastregel nur deshalb wahrscheinlich durchsetzen können mit Berufung darauf, daß ich Ausländer bin, meines Erachtens aber ist dieser § der deutschen Prozeßordnung sehr unbegründet, da ja ein Inländer durchaus nicht mehr Garantien bietet!

Ich ließ daher mit G[eromiller]. abhandeln, u. ihm das Geld aushändigen, nachdem er sich vorher noch sehr entschuldigt u. darauf ausgeredet hatte, er habe von der ganzen Sache nichts gewusst, sein Advocat sei Schuld an Allem er habe es ohne sein Wissen gethan, was natürlich verlogen war.
Den Nachlas hat G[eromiller]. deshalb eintreten lassen, weil, wenn ich es auf den Prozess hätte ankommen lassen, der Ausgang für ihn sehr zweifelhaft war.
Sie sehen also, daß ich ganz ohne mein Vorwissen u. ohne meine Schuld von diesem Geschehnisse überrumpelt worden bin, weil ich dem Worte eines Mannes reales Vertrauen geschenkt habe, der es nicht verdiente!
Ich würde, geehrter Herr Schuh, dies Alles gewiß nicht so ausführlich geschrieben haben, wenn mir nicht daran gelegen wäre, Sie in keiner falschen Meinung zu lassen. Was nun Ihr Guthaben anbelangt, so werde ich, wie ich schon gethan, - also vor Erhalt ihres Briefes – schrieb, Ihnen den Betrag bestimmt kommende Woche, wahrscheinlich, wenn ich irgend einrichten kann, schon Sonntag oder Montag, bringen resp. zusenden.
Ich denke, dass ich, nachdem ich nunmehr die Zeitung seit 4 Jahre besitze, u. meinen Verpflichtungen – oft unter den schwierigsten Verhältnissen u. trotz aller Anfeindungen u. Verleumdungen einer infamen Concurrenz immer nachbekommen bin – wohl das Vertrauen erwarten dürfte, daß ich dies auch ferner gewiß ebenso halten werde! Kommt es doch selbst bei den größten Geschäften vor, daß man mitunter die Gelder nicht so augenblicklich flüssig machen kann, wie man gern möchte. Besonders am ersten der Saison.
Den Verdächtigungen u. Infamien aber, die ich von solcher Seite u. aus W[örishofen]. kenne brauchen Sie wahrlich keinen Werth beizulegen. Sie sehen doch, daß es der unsauberste Concurrenzneid ist, der sie hervorbringt, u. die Wuth, daß wir stets jedes Jahr Inserate bekomme u. unsere Concurrenz nicht.

Die wenigen, mit denen jedes Blatt seinen Inseratentheil ausfüllt, sind größtentheils, soviel ich weiß, aus meinem Führer entnommen u. gratis! Er hat auch in dem Wenigen z.b. bei verschiedenen Häusern, die bei uns inserieren, um Inserate angehalten, u. sie nicht bekommen. Daher der Zorn.
Andererseits sehen Sie doch auch, daß unser Blatt stetigen Aufschwung nimmt, dank unserer erfolgreichen Arbeit, weil es das älteste des Curortes ist u. den Leuten jetzt wegen seines mannigfachen Inhaltes u. hübscher Ausstattung sehr gefällt.
Wir haben jetzt hier, in dem Luft-Curorte Immenstadt, Aussicht auf eine Collectiv-Annonce im Betrage von ca. 1000 M[ark].
Sontag d. 27. Mts. [diesen Monats] soll in dieser Angelegenheit eine Versammlung der Interessenten stattfinden, angeregt durch den Besitzer der hiesigen Curanstalt u. die Gasthofbesitzer. Bei dieser soll die SonntagNr. vorgelegt u. der Artikel über das Allgäu u. Immenstadt vorgelesen werden, um dann die Vereinbarung wegen der Collectiv-Annouce vorzunehmen.
Freilich, wenn wir, was ich nicht hoffe, das Blatt nicht Sonntags rechtzeitig bekämen, wären wir nicht nur blamiert, sondern auch geschäftlich sehr schwer geschädigt, indem wir ja dann diese Collectiv-Announce ebenfalls nicht bekommen würden.
Dies aber wollen Sie doch jedenfalls nicht. Ich hoffe daher, daß Sie, geehrter Herr Schuh, in Anbetracht dessen, u. nach den voraus gegangenen Erklärungen, uns dem nicht aussetzen werden. Ich bitte Sie daher, das Blatt fertigzustellen u. abzuschicken. Sie können überzeugt sein, daß auch ich meinem Versprechen nachkommen werde.
In der Erwartung dessen bitte ich Sie, das Blatt, so wie schon geschrieben, machen zu lassen, nämlich 1000 Expl. u. zu 500 auf dem gute Papiere, wie die letzten 50 anderen Nrn.[Nummern} die wir direct hieher erhielten.

Da wir aber leider in Wörishofen die Verbindung mit Immenstadt vorläufig nicht bekannt werden lassen dürfen, solange nicht das Gericht die Steinwegsche Schurkerei unmöglich gemacht haben wird, da er es uns sonst hier sofort eben so machen u. alles verderben würde, so müsste ich sie bitten für Wörishofen 200 Expl auf gewöhnlichem Papier zu machen, u. in diesen den Artikel über das Allgäu u. Immenstadt, sowie das betr. Cliché wegzulassen u. durch irgend ein Bild oder dgl. zu ersetzen. Auch den Artikel betr. Vorausbestellung von Wohnungen etc. bitte in diesen 200 Expl. wegzulassen, weil St.[Steinweg] sonst auch hier uns einen Streich spielen würde. – Ich muß wegen der Angelegenheit Sonntag wahrscheinlich hier sein; morgen Samstag komme ich mit dem Frühzuge auf einige Stunden nach Augsburg. Ich erbitte mir daher gütige Nachricht nach Augsburg „Goldene Traube", daß Sie die Fertigstellung u. z. [und zwar] in der erbotenen Weise veranlaßen werden, ebenso die Absendung, so daß wir Sonntag gewiss, Express mindestens 100 St. hier in Immenstadt, Gasthof z. Hirsch, haben.
200 St. erbitte ferner /auf gewöhnlichem Papier u. ohne den Artikel Allgäu u. Immenstadt! / an Herrn Konrad Waibel, Wörishofen, Bachstr. 81 ½. Die übrigen bitte bis auf weiters Aviso liegen zu lassen, da Expection erst in den ersten Tagen der Wochen erfolgen kann. 50 Stk. an Hr. Hörmann, Motorbootseigentümer, Lindau a.B. bitte aber genau darauf zu achten, daß nach Wörishofen kein einziges Exemplar gelangt mit dem Art[ikel] über Allgäu u. Immenstadt!
(Ich brauche wohl nicht befürchten, daß durch Jemanden aus dem Setzerpersonale Nachricht über den Art[ikel]. Allgäu-Immenstadt nach Wörish[örishofen]. gelangt resp. ein Blatt?
Indem ich darauf fest vertraue, daß Sie geehrter Herr Schuh, sich gewiß nicht dazu bringen lassen, indem Sie auf jene niedrigen Manöver achten würde, den ganzen Erfolg unserer

Arbeit in Frage zu stellen u. jener gewissenlosen Persönlichkeit den erwarteten Triumpf zu bereiten, bitte ich dringend, morgen gleich nach Erhalt dieses Briefes, telegraphisch Ihre Mittheilung, auf welche ich zu meiner Beruhigung rechne, an mich ins Hotel Goldene Traube, Augsburg, gelangen zu lassen.
In vorzüglicher Hochachtung

Ergebenst
F. L. v. Vogelsang
[Freiherr Ludwig von Vogelsang]

Vera Waibel, verheiratete Vogelsang

Brief von Druckereibesitzer Schuh in München an Ludwig von Vogelsang

Immenstadt 25/2 [18]98

Heute Früh 9 Uhr erhielten wir Ihren langen Brief. Wir wünschen Ihnen, dass Sie aus dem Streit gut herauskommen u. haben Ihnen auf Ihre Kosten nach Augsburg depeschiert, dass wir Sorge tragen, dass Sie das Blatt rechtzeitig erhalten. Auch darüber können Sie beruhigt sein, dass kein einziges Exemplar nach Wörishofen mit dem Artikel über Allgäu & Immenstadt gelangt, wenigstens von unserer Seite aus nicht.
Wir können aber nicht umhin, Ihnen zu sagen, dass man so, wie es Sie belieben, keine Zeitung macht. Wir mussten das Manuscript liegen lassen, da wir uns fest vorgenommen haben, bevor nicht der alte Rest ganz bezahlt ist, nichts mehr für Sie zu fertigen u. heute ist Samstag, wo wir so alle Hände voll zu thun haben u. müssen wir nun in einigen Stunden nicht nur das Blatt fertig machen, sondern aus dem einen ein 2. Blatt machen. Wollen sie das Blatt weiter herausgeben, so muss schon mehr Ordnung in die Sache kommen u. müssen wir das Manuskript so rechtzeitig erhalten, dass ein Setzer wöchentlich bequem damit fertig werden kann. Wenn Sie die Zeitung so machen, wie beispielsweise die Nummer 3, bei welcher Nummer wir gar nicht wussten, an wen wir sie senden sollen u. welche Nummer liegen blieb, weil sie gar nicht zustellbar war, so können Sie sich leicht selbst ausrechnen, dass eine solche Art der Expedition einer Wochenschrift gewiss nicht würdig ist Wir legen Ihnen hier Gesamtrechnung bei u. müssen unter allen Umständen darauf bestehen, dass Sie uns diesen Betrag sofort in Baar einsenden.

Unter den obwaltenden Umständen sind wir auch nicht mehr in der Lage, Ihnen anders, als gegen Vorausbezahlung, drucken zu können. Ob Sie nun die Nummer voraus oder nachher bezahlen, das kann Ihnen wirklich gleichgültig sein, wenn Sie doch das Zahlen im Sinne haben. Wir wollen auch nicht jede Wochen bangen u. zittern, ob wir unser baar ausgelegtes Geld erhalten oder nicht. Oder wenn Ihnen das lieber ist, senden sie uns M[ark]. 1000.- Caution ein u. wir werden dann alle Monate Rechnung stellen, welche aber immer baar zu begleichen ist, so dass M[ark]. 100.- Caution ständig als solche verbleiben.
Das Blatt wurde strikt Ihrer Weisung gemäss versendet. Auf Ihre Anfrage, in welcher Höhe wir das Blatt pro 1000 berechnen wenn wir das weitaus bessere u. schönere Papier verwenden, theilen Ihnen mit, dass die 1000 Exemplare um M[ark}. 20.- höher kommen.
Anbei die uns eingesandte Quittung u. Erklärung.

Hochachtungsvoll
[Schuh]

Wörishofener Zeitung.

Badeblatt und amtliche Fremdenliste.

Aeltestes Lokalblatt Wörishofens.

Nr. 7. Sonntag, den 20. Februar. 1898.

Das untergegangene amerikanische Kriegsschiff „Maine“.

Das Geschwader der Vereinigten Staaten Nordamerikas hat ein schwerer Verlust getroffen, eines der besten Kriegsschiffe ist am letzten Dienstag Abends 9 Uhr 40 Minuten in die Luft geflogen. Die Katastrophe, von der wir unseren Lesern nach den eingelaufenen telegraphischen Nachrichten bereits eingehend berichteten, war seit Menschengedenken die entsetzlichste, grauenerregendste. Die Zahl der Opfer ist noch nicht festgestellt, doch sind nach einer allgemeinen Schätzung mehr als 100 Mann der Bemannung sofort getödtet worden und über 200 Mann werden vermißt. Nach einer neueren Nachricht verzeichnet die Verlustliste mit Bestimmtheit 236 Mann und 2 Offiziere.

Der Kapitän des untergegangenen Schiffes, Sigsbee, der gerettet wurde, telegraphirte die Schreckensbotschaft an den Kabinetssekretär des Marine-Departements und theilte zugleich mit, daß die Verwundeten und Geretteten sich an Bord eines amerikanischen Dampfers und eines spanischen Kriegsschiffes befinden. Die Theilnahme der offiziellen Kreise in Havanna für die Verunglückten ist eine allgemeine. Mehrere spanische Offiziere und Vertreter des Gouverneurs Blanco drückten dem Kapitän Sigsbee ihr Beileid aus. Die Explosion, welche im Bug des Schiffes stattfand, hatte einen Brand zur Folge, der das Schiff vollständig der Vernichtung zuführte.

Die Explosion ereignete sich um 9 Uhr 40 Min. und um 11 Uhr 30 Min. brannten die Trümmer des zerstörten Schiffes noch. Der Kapitän, der nur leicht verletzt wurde, befahl den anderen Offizieren, sich zu retten so gut sie könnten. Der spanische Admiral Manterola sandte eine Anzahl Boote zur Hilfeleistung. Der Generalgouverneur Blanco beauftragte die anderen Generäle die Hilfsaktion einzuleiten. Feuerwehrleute nahmen sich der an das Ufer geschafften Verwundeten an. Die Ursache der Explosion ist noch nicht bekannt.

Das stolze Schiff der Amerikaner, das im Hafen von Havanna zu Grunde ging, zeigen wir heute unseren Lesern im Bilde.

Die „Maine“ war ein Panzerkreuzer I. Klasse und eines der ersten Schiffe, welches nach dem neuen Flottenplan von den Vereinigten Staaten selbst erbaut wurde. Der Kreuzer war daher neuester Konstruktion. Die Dimensionen waren wie folgt: Tonnengewicht 6700, Länge 310 Fuß, Tiefgang

Wörishofener Zeitung vom 20. Februar 1898

J. Berberich
Augsburg
Bahnhofstrasse Nr. 1

Stets das Neueste der Saison
Damen- und Kinder-Confection.
Loden- und Woll-Costume.
Seidenstoffe. Kleiderstoffe.
Blousen in Wolle, Baumwolle u. Seide.
Anfertigung nach Maass. On parle français.

Hôtel „Bayrischer Hof"
Augsburg
Besitzer Wiedemann.

Luftkurort
ISNY
Hôtel alte Post
Stets Forellen.
K. Janson

Mechanische Leinenspinnerei Memmingen.
Keine Tricotwaare. Nach System Kneipp.
Gesundheits-Leinenwäsche im Flechtgewebe
System Pfarrer Kneipp.
Kneipp-Wäsche
Mechanische Leinenspinnerei „Memmingen".
Hauptniederlage: Magazin Bischoff, Wörishofen.

Weinstube und Weinhandlung
zum „Schwanen"
MEMMINGEN.
A. Bosa, z. „Schwanen"

Prälat Sebastian Kneipp's
Brennnessel-Haarwasser.
L. Welsch, Parfumeur, Wörishofen.

Hotel und Pension Viktoria
Etablissement I. Ranges.
F. S. Kipfer,
Besitzer.

Karnevals-Ulk
Preis nur 1.50.
Prinz Karneval auf dem Maskenball.
Der Frack zum Fastnachtsball.
Der humorist. Abend;
Schnurren.
G. Danner's Theater-Buchhandlung,
Mühlhausen i. Thür.

Wöchentl. 15 Mk. Gehalt
A. Paeschke, Friedrichsfelde b. Berlin.

Apparate für Abtritt-Gruben
Eugen Klotz,
STUTTGART.

Eine Villa
unter Chiffre A. H. 353.

Pfarrer Kneipp's
Lebensgeschichte
Krankheit und Tod.
Wörishofens Zukunft u. Kneipps Nachfolge.

Wörishofener Zeitung vom 20. Februar 1898

Schreiben des Druckereibesitzers Steinweg in Wörishofen an Dr. Uherek in Immenstadt

(Auf Grund des vorigen Briefes von v. Vogelsang an Dr. Uherek annoncierte dieser in der Wörishofener Zeitung. Als Steinweg, Druckereibesitzer in Wörishofen, diese Annonce las, schrieb er diesen Brief an Dr. Uherek, um ihn vor von Vogelsang zu warnen.)

M.ST. Steinweg's Buch- und Accidenz-Druckerei

Kurort Wörishofen, den 20. / III. 1898

Verehrl[iche]. Direktion des Luft-Curortes u. Kneipp-Bad Immenstadt

Soeben lesen wir Ihr gesch. Inserat in der sog. Wörishofener Zeitung von H[er]r. Frhr.[Freiherr] v. Vogelsang.
Um Sie vor wirklichem Betrug zu warnen, theile Ihnen mit, daß Vogelsang hier keinen einzigen Abonnenten hat, daß das Lokal, welches Auskunft über Ihre Anstalt geben sollte, geschlossen ist, da er nur auf Inseratenfang aus geht und zur Zeit augenscheinlich das Allgäu unsicher damit macht. Es würde sich gewiss lohnen, wenn sie sich gefl.[geflissentlich] außer uns sich bei Herrn Okic Redakteur[3] hier mehr Auskunft geben lassen würden.
Es ist eine wahre Schande für Wörishofen daß solche Betrügereien öffentlich ausgeführt werden können. Das Amtsblatt mit amtlichen Auskünften wurde demselben Herrn

[3] Zu Johann Bap. Okic vgl. Reinhard Seitz: Wörishofen – Auf dem Weg zum Kneippkurort, zu Bad und Stadt, Lindenberg 2004, S. 220 - 222

auch kürzlich entzogen. Mitfolgend Prospekt unseres demnächst erscheinenden Führerplanes mit Amtsblatt und Kneippianer und soll uns freuen, wenn sie demnächst darauf zurück kommen.

Ergebenst
Steinweg

Bade- und Dampfwaschanstalt
Gruber & Dignus
Augsburg
Josef Stadler
Schuhwaaren nach Maass
Augsburg, Passage
Memmingen
Cur-Hotel Gary
Cure Hôtel Gary
Memmingen.
!Café Prinz Ludwig!
J. Rieger.
Memmingen
A. Haselbauer
Reisebegleiter
Friedrichshafen!
Gehör-Oel
Der erfahrene Gartenfreund
Photographie.
FRITZ GRESSNER, Photograph, Wörishofen
MEMMINGEN.
Joh. Wiedenmayr.
MEMMINGEN.
J. Schauppel
INSERATE
MEMMINGEN.
Kartoffeln.
Zimmer-Ofen
Gesucht

Wörishofener Zeitung vom 20. Februar 1898

Schreiben der Druckereibesitzers Steinweg in Wörishofen an Dr. Uherek in Immenstadt

M.ST. Steinweg's Buch- und Accidenz-Druckerei

Kurort Wörishofen 20. III. 1898

Herr Dr. Uherek, Immenstadt

Mitfolgend erlaube ich Prospekte, Führer und Kneippianer zu übersenden und soll uns freuen, wenn sie mich mit einem Auftrage erfreuen.
Wir finden heute Ihr gesch. Inserat in der Wörishofer Zeitung. Sie werden aber in dieser Zeitung keinen Artikel von Wörishofen finden. Es ist ein Inseratenfang ohne einen einzigen Abonnenten. Niemand abonniert wieder sein[Vogelsangs] Blatt. Amtsblatt und Fremdenliste wurden ihm entzogen wegen unregelmäßigen Erscheinen seiner Zeitung. Auch ist er nicht hier sondern macht zur Zeit das Allgäu unsicher. Herr Okic wird ihnen gewiss die Inseratenschriften, wenn sie es nicht unterlassen wollen, [?]

Ergebenst
Steinweg
NB: z.Zt. (zur Zeit) ist Vogelsang sein ganzes Eigentum gepfändet.

Schreiben von Ludwig von Vogelsang an Dr. Uherek in Immenstadt
(Vorläufig geht von Vogelsang nur am Rande auf die Anschuldigungen von Steinweg ein.)

Bureau der „Wörishofener Zeitung“

Kurort Wörishofen,
den 17. April 1898

Geehrter Herr Doctor [Uherek]!

Bitte mir ein paar Zeilen für den Sirch in Wörishofen mitzugeben, daß er mir Ihr Ansichten-Tableau gibt. (Ich möchte es vor allem bei meiner diesmaligen Anwesenheit zwei Rumänen zeigen.)
Betreff des Geldes wäre ich Ihnen, entsprechend unserer gestrigen Unterredung, sehr verbunden, wenn Sie mir jetzt bei meiner Abreise 300 M[ark]. geben wollten. Den Rest lassen wir dann, wenn es Ihnen recht ist, gleich à conto der Verpflegungskosten für meine Frau stehen, u. quittire ich Ihnen gleich den Gesamtbetrag.
Selbstverständlich können Sie ganz beruhigt sein, daß ich meinen übernommenen Verpflichtungen strikt nachkomme. Ich werde womöglich eher mehr als weniger thun, da mir an der Sache ja selbst viel gelegen ist.

In vorzüglicher Hochachtung
ergebenst
Frh. Vogelsang

Schreiben von Ludwig von Vogelsang an Dr. Uherek in Immenstadt

Hotel Allgäuer Hof, Chr. Langemann, Kempten

Kempten, den 1. Juni 1898

Geehrter Herr Doctor!

Die 3 Placate in der Rolle habe ich besorgt u. günstigste Unterbringung veranlasst. Was die eingerahmten betrifft, habe ich – da ich ja noch nicht in W.[örishofen] war, - an die Bahn dort geschrieben, an wen selbe auszufolgen seine, was hoffentlich geschehen ist.
Wegen des schlechten Wetters u. miserabler Straßen, sowie einer kleinen Verkehrsstauung hat sich mein Eintreffen etwas verzögert. Auch hatte ich unterwegs noch Geschäfte zu erledigen. Heute komme ich mit dem Fuhrwerk. Wie Sie sich denken können, bin ich durch die lange Zurückhaltung in I.[mmenstadt] u. den durch das schlechte Wetter veranlassten verspäteten Beginn der Saison in W.[örishofen] geschäftlich etwas in Rückstand gerathen. Sie wären mir nun recht sehr verbunden, u. ich werde gewiß Gelegenheit finden, in geeigneter + zufriedenstellender Weise Ihnen vis-à-vis hiefür zu revanchieren, wenn Sie folgenden Vorschlag receptiren wollten:
Ich gebe Ihnen formell mein Fuhrwerk ins Eigenthum als Sicherheit, gegen Vorbehalt des Rückkaufes + Sie strecken mir hingegen auf einige Wochen den Betrag von 500 M[ark] vor, welche ich Ihnen mit bestem Danke prompt zurückerstatten werden.
Hiedurch bin ich in die Möglichkeit versetzt, meine Rückstände zu ordnen + dann, von diesen kleinen aber sehr

behindernden Schwierigkeiten befreit, in W.[örishofen] energisch ans Werk gehen, auch für Sie u. Ihr Interesse zu wirken. Und daß ich dies thun werden, davon dürfen Sie überzeugt sein, denn es ist mir hieran besonders gelegen. –
Da ich noch ansehnliche Ausstände einzucassieren habe, werde ich Ihnen den Betrag ehe baldigst zurückzahlen können. Event[uel]. werde ich auch das Geld von m[einer]. Familie beschaffen. Ich hoffe also, daß Sie mir durch Annahme dieses Vorschlages die Arrangierung ermöglichen. Selbstverständlich werden Sie die Güte haben, diese Zeilen + die Sache als nur für Sie selbst bestimmt, zu behandeln.

Hochachtungsvoll ergebenst Vogelsang

Brief von Julius Brunner in Wörishofen an Dr. Uherek in Immenstadt
(Anscheinend erhielt Vogelsang den Brief von Dr. Uherek, in welchem er aufgefordert wird, zu den Anschuldigungen von Steinweg Stellung zu nehmen nicht, da er sich nicht in Wörishofen aufhielt.)

Bureau der „Wörishofener Zeitung"

Kurort Wörishofen, den 28. August 1898

Herrn Dr. Uherek, Besitzer d. Friedrichsbad Immenstadt

Er.[Euer] Hochwohlgeboren beehre ich mich, mitzuteilen, daß Herr v. Vogelsang, der voraussichtlich dieser Tage selbst wieder hier sein wird, mich beauftragt hat, Ihnen mitzuteilen, daß er Ihnen selbst schreiben, oder wahrscheinlich dieser Tage ohnehin selbst nach Immenstadt kommen wird.

Hochachtungs[voll]
J. Brunner

Schreiben der Druckerei Schuh in München an Dr. Uherek in Immenstadt
(Wohl auf Grund des Schreibens von Steinweg an Dr. Uherek wendet sich dieser auch an die Druckerei Schuh in München, welche Vogelsangs „Wörishofener Zeitung" damals druckte und erhielt folgende Antwort.)

G. Schuh & Cie – Buchdruckerei

München, den 1. October 1898

Herr
Dr. Uherek
Besitzer des Kurhotels Friedrichsbad [in] Immenstadt

Antwortlich Ihres Geschätzten [Schreibens] v. 29. v. M.[vorigen Monats] sind Sie ebenso das Opfer eines Schwindlers geworden, als wir auch & es ist vollkommen recht von Ihnen gehandelt, dass Sie ihn seiner wohlverdienten Strafe entgegenführen. Auch uns hat er beschwindelt & als wir sahen, dass alle seine Versprechungen Lug & Trug waren, stellten wir selbstverständlich den Druck [der Wörishofer Zeitung] ein & begnügten uns lieber mit dem kleineren Verlust, als mit einem noch viel grösseren. Wenn wir Ihnen damals eine ausweichende Antwort gaben & Ihnen nicht die wahre Auflage von 600 Exemplaren angegeben haben, so werden Sie uns das nicht verübeln, denn wenn beispielsweise Sie ein Werk oder eine Zeitung bei uns drucken liessen, so würde es Ihnen auch nicht gefallen, wenn wir dem Nächstbesten Ihre Auflage verraten würden. Mitfolgend übersenden Ihnen die noch in Händen habenden 3 Clichés & bitten um Empfangsbestätigung. Unser Schaden bei

Vogelsang beträgt M. 112,60. & gerne sind wir bereit, uns dem Strafantrag anzuschliessen. Wir wären Ihnen recht dankbar, wenn Sie uns seinerseits weitere Mitteilungen hierüber zukommen lassen möchten

Hochachtungsvoll

Schuh & Cie

Verhör von Ludwig von Vogelsang auf der Polizeistation in Wörishofen

(Als Vogelsang wieder in Wörishofen auftaucht, wird er sofort von der dortigen Polizei verhört)

Wörishofen, 5. Oktober 1898

Gendarmerie-Station Wörishofen
Betreff: Den Redakteur Ludwig Frh. [Freiherr] v. Vogelsang in Wörishofen wegen Betrugs.

Mit Bezug auf jenseitiges Cirkular pr. 27. III. 98 Nr 725 gebe ich dienstlich bekannt, daß Vogelsang heute dahier eingetroffen ist und angab, daß sein Vertreter Julius Brunner dahier von nun ab jederzeit in der Lage sein wird, über seinen (Vogelsangs) Aufenthalt richtigen Aufschluß geben zu können.
Zur Sache selbst gibt Vogelsang an, es sei richtig, daß er sich kontraktlich dem X. Uherek gegenüber verpflichtet habe, daß die Badeanzeige in der Wörishofener Zeitung bis Oktober lfd. [laufenden] Jahres erscheinen müsse und daß er hiefür 300 M[ark] erhalten habe. Dieser Betrag sei übrigens nicht von Uherek allein, sondern von Mehreren aus Immenstadt bezahlt worden,
Daß die Zeitung nicht mehr erschienen sei, sei dem Umstande zuzuschreiben, weil er (Vogelsang) im Laufe dieses Sommers zweimal je 3 bis 4 Wochen ernstlich erkrankt sei, wodurch er außer Stande war, seinen Geschäften nachzugehen und es hätten sich daraus auch geschäftliche Schwierigkeiten mit der Druckerei, in welcher sein Blatt gedruckt wurde, ergeben.
Vogelsang stellt jede betrügerische Absicht in Abrede, daß er krank war, wie oben angegeben, wird ihm von seinem Vertreter Julius Brunner dahie bestätig.

Dieselbe Entschuldigung gilt auch für den Fall des Hotelbesitzers in Sonthofen.
Wenn keine Fremden nach Immenstadt gekommen seien, könne er nichts dafür; Artikel über Immenstadt u. Umgebung habe er, wie er nachweisen könne, genug geschrieben u. in seinem Blatte veröffentlicht

O.R.
Michael Weggemann, Stationsrt.
an die Gendarmerie-Station Immenstadt.

Brief von Ludwig von Vogelsang an Dr. Uherek in Immenstadt

Oktob. 1898

Herrn Dr. Uherek
Besitzer des Friedrichsbad' Immenstadt

Ew[Euer]. Hochwohlgeboren theile ich höfl[ich]. mit, daß leider – verursacht durch meine andauernde Erkrankung, von der Sie s.Z. [seiner Zeit] Mittheilung erhielten, u. die mich an der regelmäßigen Fortführung der Geschäfte verhinderte – in der Herstellung der W.Ztg. [Wörishofener Zeitung] eine Störung s.Z. eingetreten, durch welche, wie Sie sich denken können, mir selbst der größte Schaden erwachsen ist. – Übrigens wissen Ew. Hochwohlgebohren ja, daß in eben erschienenen, Ihre Anstalt und die dortige Gegend betreffenden Artikeln in der W.Ztg.[Wörishofer Zeitung] – in der Hauptsaison – das Möglichste geschehen u. sehr eingehend lange Beschreibungen gebracht wurden, im Textteil des Blattes, der ja eigentlich viel mehr kosten würde wie z.B. einfache Inserate die nur einmal gesetzt zu werden brauchen. - Was die in der Wörish. Zeitung erschienenen Inserate für Ihre Anstalt u. Immenstadt betrifft, so wissen Sie ja auch, daß Sie wiederholt erklärt haben, ganz ausdrücklich, daß gar keine Inserate zu erscheinen brauchen, daß sie auf dieselben vollständig verzichten, wenn nur Artikel im redaktionellen Theil des Blattes erscheinen, worauf allein Sie Werth zu legen erklärten. Wie Sie wissen, wünschte aber ich selbst, dennoch auch Inserate im Blatte zu bringen um die Clichés , erstes in den Artikeln, auch anzubringen.

Um nun aber Alles in meiner Macht liegende im Interesse der Sache zu thun , bin ich eventuell bereit, in der Hauptsaison des nächsten Jahres, etwa von Mai bis August, Artikel,

resp[ektierlich]. Inserate über Immenstadt u. Ihre Anstalt gratis zu bringen, wenn Sie sich hiemit einverstanden erklären.
Übrigens werden ja Ew Hochwohlgeboren, in der Erinnerung daran, daß ich ja eine so bedeutend höhere Summe, als der geringe Betrag ausmacht, bei Ihnen gelassen habe, die Sachen wohl im richtigen Lichte beurtheilen u. auch aus meinem obigen Anerbieten sehen, daß ich das Möglichste für die Sache gern thun möchte. – Was Ihre Prospecte anbelangt, so wurde ein größerer Theil derselben vertheilt. Der Rest ist noch hier. Von Ihren beiden Reclame-Tafeln (von Immenstadt) ist eine an einem geeigneten Orte [in Wörishofen] angebracht, die andere befindet sich eingepackt im Bureau um eventuell als Ersatz verwendet zu werden…..
(Fortsetzung des Briefes von Vogelsang an Dr Uherek fehlt)

Luft-Curort und Kneipp-Bad Immenstadt

Station balnéaire Immenstadt

Kneipp'sche Kuranstalt „Friedrichsbad"

Immenstadt

Etablissement de cure d'eau „FRIEDRICHSBAD" (Système Kneipp)

Immenstadt, „Gasthof zur Post". Altrenommiertes Haus.

Hôtel de la Poste.

Bühl am Alpsee bei Immenstadt.

Gasthof „zum Straußen".

Bühl près Immenstadt

Hôtel „Strauss".

Immenstadt.

Gasthof „Hirsch."

Johann Huber, Immenstadt

Bahnverbindung von Wörishofen nach Immenstadt.

In der Wörishofener Zeitung 1898 fand sich eine Beschreibung von Dr. Uhereks Kneippbad in Immenstadt, teils sogar auf Französisch, vom „Gasthof zum Hirsch", „Gasthof zur Post", vom „Gasthof zum Straußen" und „Hotel „Strauss". Der „Gasthof zum Straußen" in Bühl war damals im Besitz der Witwe Stiefenhofer und wurde wohl hauptsächlich vom 23jährigen Sohn geführt.

Anzeige des Sonthofener Gasthofbesitzers Max Sichler gegen das Ehepaar Vogelsang

Gendarmerie Brigade Sonthofen

Sonthofen 30. Oktober 1898

Betreff: Der Redakteur Ludwig Freiherr von Vogelsang und dessen Ehefrau Vera Vogelsang in Wörishofen wegen Betrugs

Dem I. Herrn Staaatsanwalte bringe ich auf Grund Mitteilung des Gasthofbesitzers Max Sichler in Sonthofen folgendes dienstlich zur Anzeige:

Im März lfd. [laufenden] J. [Jahres] kamen die Rubrikaten welche in Wörishofen ein Reise=Auskunfts= und Verkehrsbureau haben, zu dem Mitteiler und gaben vor, sie werden im Verlaufe des heurigen Sommers mit den in Wörishofen sich aufhaltenden Kurgästen Ausflüge mit größeren Reisegesellschaften nach Sonthofen, Immenstadt, Hindelang, Oberstdorf p.p. unternehmen bzw. veranlassen; Sichler könne das Fuhrwerk abstellen und dabei viel Geld verdienen, auch werden die Fremden mehrere Tage bei Sichler verbleiben, er könne da große Rechnungen machen es seien meistens reiche Engländer, welche kein Geld anschauen, außerdem geben die Vogelsang'schen Eheleute an, daß sie durch Veröffentlichung von Announcen in der Wörishofer= bzw. Saisonzeitung, woselbst Vogelsang der Verfasser sei, den Gasthof empfehlen und hiedurch Fremde zuführen werden, auch wird Sichler alle Woche bis 1. Oktober eine Saisonzeitung von Vogelsang zugeschickt erhalten. Hiebei übergab Vogelsang dem Sichler auch einen Brief in welchem ein Schwager des Vogelsang, Zacharias Waibel aus Hindelang,

Handlungsreisender z. Zt. in Augsburg wohnhaft, welcher den Sichler gut kennt, den Vogelsang bei Sichler als ganz tüchtigen verlässigen Mann anempfahl. Der Brief war mit der Unterschrift des Waibel versehen und direkt an Sichler gerichtet.

Auf dieses hin schenkte Sichler den Angaben der Vogelsang'schen Eheleute Glauben, woselbst sich die Ehefrau als Hauptrednerin hervorthat, und bezahlte demselben auf Verlangen 50 M[ark] aus. Sichler bemerkte nun später dem Briefschreiber Waibel, daß er durch seinen Brief wo selbst er den Vogelsang empfohlen hatte um 50 M betrogen wurde, indem er denselben auf diesen hin Glauben schenkte, Vogelsang aber weder Fremde schickte, noch ein Fuhrwerk für solche bestellte bzw. vermittelte, auch sei die angebliche Zeitung nur einige Wochen erschienen.

Waibel erklärte hierauf, nachdem Sichler denselben Brief, welcher jetzt nicht mehr vorgefunden wurde, daß er den Brief nicht geschrieben habe und derselbe unzweifelhaft von Vogelsang oder dessen Ehefrau geschrieben und mit Waibels Unterschrift versehen wurde.

Ferners hat Vogelsang ebenfalls im Jahr einige Wochen später wie bei Sichler bei dem Gastwirt Josef Leuthe zur „Krone" und bei Franz Herz zum „deutschen Haus" dahier die gleichen Vorspiegelungen gemacht, nämlich er schicke Reisegesellschaften von Wörishofen aus, desgleichen eine wöchentliche von ihm herausgegebene Saisonzeitung bis 1. Oktober woselbst ihre Geschäfte speziell anempfohlen werden.

Diese Beiden schenkten den Angaben des Vogelsang Glauben und bezahlte jeder 30 M[ark] an - obwohl Vogelsang vielmehr verlangte -, in der festen Hoffnung, Vogelsang werde viele Kurgäste und große Gesellschaften zubringen, damit das Geld wieder verdient wird. Allein es kamen keine von Vogelsang

geführten Fremden und auch die Zeitung kam nur bis Ausgangs Juni.
Es wurden sohin die 3 Gasthausbesitzer insgesamt um 110 M[ark] an ihrem Vermögen durch diese falsche Vorspiegelung geschädigt.
Vogelsang gab dem Stationskommandanten Michael Weggemann in Wörishofen auf Vorhalt der Herrschaften, insbesonders jenen Hotel Bes.[itzern] und anderen Anwesensbesitzern, welche Quartiere verabfolgen können, Fremde nämlich Sommerfrischler zuzuführen und mit solchen öfters Ausflüge von Wörishofen hieher zu unternehmen. So veranstaltete Herr Dr. Uherek unterm 12. April mit hiesigen Bürgern und Geschäftsleuten eine Versammlung im Gasthaus zum Hirschen in Immenstadt. In derselben Versammlung machte x. Vogelsang den gleichen vorangeführten Vorwand, worauf er auch sicher Vertrauen erwarb und ihnen sodann eine Summe von 500 M[ark] von den anwesenden Bürgern zur alsbaldigen Ausbezahlung genehmigt wurde. Herr Dr. Uherek ließ hierauf von den Beteiligten, wie selbe in vorliegendes Verzeichnisse namhaft sind, die Geldbeträge einzeichnen und bezahlte sogleich 300 M[ark] an x. Vogelsang aus, ferners behielt er 190 M[ark] behufs Abrechnung für an Vogelsang verabfolgtes Quartier und Verpflegung pp [usw.]. In gleicher Weise lockte Vogelsang den Gastwirt Johann Georg Stiefenhofer in Bühl, k.[önigliches] Amtsgerichts Immenstadt unterm 12. April 55 M[ark], ferners, welchen er und den hiesigen Bürgern noch vorgab, daß sie wöchentlich vom Monat Mai bis 31. Oktober l. Js. [laufenden Jahres] 2 oder 3mal das in Wörishofen erscheinende Tageblatt „Wörishofer Zeitung Wegweiser“ erhalten, in welchen Announcen behufs Fremdenverweisung für Immenstadt - Bühl häufig eingedruckt werden. Dieses Blatt erhielt Stiefenhofer und auch einige Bürger von Immenstadt einigemale und seit 3. Juli laufd. [laufenden] Jahres nicht mehr, x. Vogelsang kam auch

niemals mit Fremden hieher und hat auch solche nicht in hiesiges Friedrichsbad und anders wohin diesseitiger Stadt und nach Bühl befördert. Derselbe hat es lediglich darauf abgesehen, sich auf betrügerische Weise einen hohen Vermögensvorteil zu verschaffen, da er es auch in Memmingen inhaltlich einer Beilage gleichfalls machte. Das Rechercheresultat der Station Wörishofen und andere von Herrn Dr. Uherek erhaltene Produkte liegen hier vor.

Franz Schwarz, Sergant

J. Berberich
Stets das Neueste der Saison
LINDAU i.B.
HOTEL zur KRONE
Memmingen
Gasthof zum goldenen Kreuz
ISNY
Hôtel alte Post
Landsberg am Lech.
Oberbayern.
Hôtel „GLOCKE“.
Sonthofen.
Gasthof „zum Engel“.
Hôtel Engel.
PROBE-NUMMER
WEGWEISER
mit Hôtel- und Gasthof-Anzeiger
An die geschätzten Leser und Interessenten unseres Blattes!
MEMMINGEN.
!Café Prinz Ludwig!
J. Rieger,
Bureau
Memmingen

Beilage zur Wörishofener Zeitung von 1898
Hier geht hervor, dass in der „Beilage“ zur Wörishofener Zeitung 1898 auch eine Announce vom „Hotel Enge“ in Sonthofen, Inhaber Max Silcher, erschien.

Schreiben von Ludwig von Vogelsang an Herrn Schuh, Inhaber einer Druckerei in München
(Anscheinend hat Vogelsang den Druckereibesitzer Schuh in München wieder beruhigen können. Vogelsang erkundigt sich bei Schuh nach der Möglichkeit, für ihn zu drucken. Er braucht vorläufig nur die „Nummern" nicht für Wörishofen, sondern um seine Abonnenten in Immenstadt, Bühl und Sonthofen zu beruhigen)

Bureau der Wörishofener Zeitung

Kurort Wörishofen am 21. X. 1898

Herr G. Schuh München

Euer Hochwohlgeboren ersuche ich höflich, mir gefl.[geflissentlich] umgehend mitteilen zu wollen unter welchen äußersten Bedingungen Sie mir sämtliche bis jetzt fällige Nm. [Nummern] herstellen würde, resp[ektierlich] wie viel Sie per Nm. [Nummer] berechnen würden.
Hierbei bitte jedoch zu berücksichtigen, daß Sie ja fast gar keinen Neusatz haben, sondern bloß Abzüge der stehenden Annoncen.
Wenn Sie mir jetzt hierin möglichst entgegen kämen, dann könnte ich für die Zukunft meine für Sie sehr zusagenden u. sicheren Zahlungsmodus geoponieren.
Nachdem bereits einer der bedeutendsten Inserenten geklagt hat, müßen die noch ausständigen Blätter schleunigst hergestellt u. verbreitet werden, weshalb ich heute nochmals ersuche, ob es möglich ist, mit Ihnen ins Einvernehmen zu kommen. Adresse bis Montag: Kempten Mariaberg

Hochachtungsvoll
Vogelsang

Protokoll
im Ermittlungsverfahren gegen Ludwig Freiherr von Vogelsang aus Wörishofen wegen Betrugs p.

Praes
K[öniglicher]. Amtsrichter H: Rump
st[ellvertretender]. Gerichtsschreiber Wohlfart

Immenstadt, den 28 November 1898

Nachgenannte wurden zur Wahrheitsangabe ermahnt und sodann als Zeugen einzeln vernommen, wie folgt:

[1. Person]
Zur Person:
Stiefenhofer Joh. Georg, 23 Jahre, kath. led[ig]. Gastwirt zum Strauß in Bühl, c.g.n.

Zur Sache
Glaublich Mitte April dieses Jahres [1898] kam der Redakteur Ludwig Freiherr von Vogelsang aus Wörishofen nebst seiner Frau und in Begleitung des Kaufmanns Karl Gängel [Gengel] der Firma Corneli dahier in meinen Gasthof „zum Strauße" in Bühl, stellte sich vor u. verlangte meine Zimmer zu besichtigen, welchem Ansuchen ich auch Folge gab; dann teilte er mir mit, daß er in Wörishofen ein Reiseauskunft & VerkehrsBureau errichtet habe, daß er mein Gasthof bei den Wörishofer Kurgästen empfehlen und größere Ausflüge mit Gesellschaftswagen in der Umgebung von Immenstadt machen werde.

Frau von Vogelsang ließ nun, um die Sache glaubhaft zu machen, einfließen: „Wollen wir nicht den Grafen so und so, die Namen habe ich vergessen, hieher schicken xx“
Ich schenkte den Angaben des x. Vogelsang vollen Glauben, zumal auch der anwesende x. Gängel [Gengel] mir die Leute rekommendierte. Da X. Gängel mir insbesonders versicherte, daß Dr. Uherek sich auch auf das Annoncieren in der Wörishofener Zeitung durch Vogelsang eingelassen habe.
In der Voraussetzung, daß x. v. Vogelsang in fraglicher Zeitung von nun ab bis 1. Oktober jede Woche einmal eine Announce über meinen Gasthof bringen werde, händigte ich dem x. Vogelsang den Betrag von 55 M[ark] baar aus, es sollte eigentlich 60 M kosten, 5 M gingen an Rabatt ab.
Ich übergab zu den Akten die sieben mir zugekommenen Zeitungen, beginnend am 24. April u. aufhörend am 3. Juli [1898].
Wenn ich geahnt hätte, daß die Announce nur 7 mal erscheinen würde, so wäre es mir gar nicht eingefallen, dem x. Vogelsang fragl[ichen]. Betrag auszuhändigen.
Ich bemerke abschließend, daß mich nicht die Angaben des Vogelsang, sondern vielmehr die Empfehlung des Letzten durch Gängel [Gengel] veranlaßt haben, auf das Annoucieren einzugehen.
Den Angaben des Vogelsang, er werde mir Fremde zuführen x. habe ich von vornherein keinen Glauben beigemessen, ich dachte mir, dem Vogelsang komme es lediglich darauf an, mich zum Announcieren zu veranlassen u. rechnete ich nur darauf, daß eben durch die Announce nicht aber durch sonstige Bemühungen des Vogelsang mir Fremde zugeführet werden.
Ich bemerkte übrigens, daß die Announcen gar keinen Erfolg hatten, denn keiner derjenigen Fremden, die ich hatte, kam auf Grund dieser Announcen geschweige denn auf Empfehlung des v. Vogelsang zu mir.

Ich habe mich ausdrücklich bei den Fremden immer erkundigt.
Da ich der Sache keinen Werth beilegte, kümmerte ich mich nicht weiter darum als die Zeitung plötzlich ausblieb.
Ich halte den Vogelsang für einen Schwindler, der nur darauf abzielte, mir das Geld aus der Tasche zu locken und zwar durch das Versprechen allwöchentlich die Announce zu bringen.
Ein Versprechen lies: Da sich ja der Betrag von 60 M[ark], wenn die Announce regelmäßig erschienen wäre, durchaus nicht zu hoch u. kann ich nicht sagen, ob Vogelsang dies von Anfang an vor hatte, um diese wenigen Announcen zu bringen oder anderweitig daran verhindert wurde.
Sonst weiß ich nichts zur Sache
V.G. u. Gg[Georg]. Stiefenhofer

2. Person
Dr. Constantin Uherek, 43 Jahre, kath. verh[eiratet]. prakt. Arzt dahier

Zur Sache
Ich habe alles, was ich in der Sache anzugeben habe, bereits in meiner der Anzeige des Sergeanten Schwarz vom 4. Novbr. c. angefügten Beilage v. 8. Oktober 1898 genau niedergelegt u will nicht, um Wiederholungen zu vermeiden, all dies hiemit ausdrücklich wiederholt haben.
Ich erblicke die betrügerischen Vorspiegelungen des x. Vogelsang hauptsächlich darin, daß er mir angab bzw. vorschwindelte, er habe in Wörishofen ein Reise=Auskunfts u. Verkehrsbureau, was thatsächlich auf Unwahrheit beruhte, denn Vogelsang selbst war meines Wissens in diesem Bureau nicht thätig, sondern nur ein von ihm zum Schein angestellter ganz unkundiger junger Mann, der als Strohpuppe diente.

Nach meiner Ansicht hatte x. Vogelsang nicht die mindesten Beziehungen zu Fremden u. konnte er daher auch nicht mit irgend welcher Berechtigung ein Versprechen, Fremde zu Ausflügen nach Immenstadt zu veranlassen, geben.
Auf das Announciren in der Zeitung legte ich viel weniger Gewicht, als gerade auf die versprochenen eigenen Bemühungen des x. Vogelsang, der ein äußerst patentes Auftreten hat u. von dem man annehmen konnte, daß er eben wirklich gerade auf vornehme Fremde Einfluß ausüben könnte, indem er sie zu Ausflügen hieher veranlassen würde.
Es war weder von den versprochenen Ausflügen, noch davon, daß Vogelsang mir irgend welche Gäste zugeführt u. empfohlen hätte, etwas zu verspüren.
Ich habe vielfach meine Gäste gefragt, ob sie vielleicht auf Empfehlung des x. Vogelsang in mein Bad gekommen wären, was sie aber verneinten.
Vogelsang hat für die 300 M[ark] bzw. 490 M[ark] einfach gar nichts getan; die beiden ReklameTafeln, die ich ihm mit dem Ersuchen übergab, dieselben in Wörishofen an geeigneter Stelle aufzustellen, sind bis zur Stunde in dem angeblichen Bureau des Angeklagten in Wörishofen verparkt.
Ich halte den Vogelsang für einen ganz durchtriebenen Schwindler.
Ich bemerkte noch, daß x. Vogelsang ehe er aus meinem Hotel fort ging, ein Pack Zeitungen und eine Kiste mit Korrespondenzen einer in meinem Bade bediensteten Frau Namens Brandtner mit dem Ersuchen übergeben hat, es aufzubewahren u ihm nachzuschicken.
Ich habe die Sachen an mich genommen u. halte sie vorerst unter Verschluß, ich wäre bereit, dieselben auf Verlangen der Staatsanwaltschaft auszuhändigen.
Auch daraus geht hervor, daß x. Vogelsang in gar keiner Weise die Absicht hatte, in Wörishofen irgend welche Thätigkeit seinem Versprechen gemäß zu entfalten.

Sonst wüsste ich nichts anzugeben, außer den Verdacht, daß Vogelsang auch anderweitig solchen Schwindel versucht hat, was vielleicht aus der bei mir liegenden Correspondenz hervorgehen würde.

v.g.u.u.
Dr Uhrek

Schreiben von Dr. Uherek an die Staatsanwaltschaft in Kempten wegen Klage gegen Vogelsang

Immenstadt, 5. Jan. 1899

An Herrn kgl.[königlichen] I. Staatsanwalt in Kempten

In meiner Civilklage gegen Baron von Vogelsang, unbekannten Aufenthaltes, um theilweise Rückerstattung des bezahlten Inseratbetrages von 490 M[ark]. ist vom kgl[königlichen]. Amtsgericht Türkheim auf den 10. Januar ein neuer Termin angesetzt, nachdem v. Vogelsang gegen das Versäumniß-Urtheil protestierte und dazu die Frechheit hat, sich anwaltschaftlich vertreten zu lassen.
Ich habe mir daher von der Firma Schuh u. Co[4] in München, welche die im Frühjahr erschienenen Nummern der Wörishofener Zeitung gedruckt hat, nähere Auskunft über x. Vogelsang erbeten u. erhalten, [und werde] sowohl das Antwortschreiben obiger Firma als auch 2 Schreiben des v. Vogelsang an Schuh u Co beilegen und dem Herrn Staatsanwalt zur Verfügung stellen – weil diese Schreiben den eclatanten Beweis liefern, daß v. Vogelsang, nachdem gegen ihn eine Untersuchung wegen Betrugs eingeleitet war und ich Klage gegen ihn erhoben, seine Versuche machte auf betrügerische Weise seine Handlungsweise gegenüber den Inserenten zu rechtfertigen u. insbesondere mich zu schädigen.
Aus den beiden Schreiben des von Vogelsang scheint auch hervorzugehen, daß sich derselbe in Mariaberg bei Kempten verborgen hält, wohin ihm von seinem unter einer Decke steckenden „Anwalt“ und Kriechhalter „Julius Brunner“ in

[4] Hier handelt es sich um eine Druckerei

Wörishofen - vermuthlich unter falschem Namen – alle Briefe nachgesendet werden.
Wenn es mir nicht gelingt die Vertagung der Verhandlung zu erwirken, bis die Untersuchung gegen v. Vogelsang wegen Betrugs ihren Abschluß gefunden hat, dann bin ich am 10ten d. Mts. [diesen Monats] bezüglich meines Beweismaterials wieder in Verlegenheit, weil die nothwendigsten Schriftstücke wie der Vertrag und die Bitte der Interessenten in den Händen des Herrn Staatsanwalt sich befinden, so daß ich genöthigt wäre, wiederum das Gesuch zu stellen, fragl[iche]. Papiere gefälligst an das kgl. Amtsgericht Türkheim zu senden.
Ich werde mir erlauben im Bedarfsfalle rechtzeitig das Gesuch an den Herrn Staatsanwalt einzusenden

Hochachtungsvollst
Dr. Uherek
Dirig. Arzt und Besitzer des Friedrichsbades [in Immenstadt].

Verhör von Direktor Schneibel in Memmingen

Memmingen, 30. Jan. 1899

Der Unterzeichnete bringt hiemit folgendes dienstlich zur Anzeige:
Fabrik-Direktor Schneibel, der mechanischen Leinenspinnerei dahier, gibt auf Befragen an, daß er mit X. Vogelsang im Januar 1898 einen Vertrag abgeschlossen hat, wonach sich derselbe verpflichtete gegen Vergütung von 400 M[ark] in der zu jederzeit erscheinenden Wörishofer Zeitung den Geschäftsbetrieb der Fabrik zu inserieren.
Am 6. u. 10. Januar v. J. [vorigen Jahres] leistete Schneibel insgesamt 100 M[ark] Verausbezahlung.
Anfangs des Monats Februar kam Vogelsang mit einer Frauensperson, angeblich seine Frau, hieher zu Schneibel und brachte vor, daß er sich in Geldnot befinde, es gehe jetzt in Wörishofen kein Geld ein etc. ob ihm nicht wiederholt eine Zahlung geleistet werden könne. Auf dringendes Bitten gab ihm x. Schneiben abermals 200 M[ark].
Im Monat April od. Mai hörte sodann das Erscheinen der Wörishofener Zeitung auf.
Schneibel erklärt, daß er von x. Vogelsang nicht betrogen sondern nur geschädigt worden sei, und daß alles das was er vorbrachte, der Wahrheit entsprochen hat. Außer x. Schneibel ist niemand imstande hierüber Aufschluß zu geben

Gehorsamst Wimmer, Schutzmann

Anzeige 1898 in der Wörishofer Zeitung

München I 846.

München, den 3. Jan.

Herrn

D. Uharek,

Besitzer des Kurhotels "Friedrichsbad"

Jmmenstadt.

Wenn wir heute erst dazu kommen, Jhr Geschätztes v. 22. v. M. zu beantworten, so bitten, dieses Versäumnis mit dem Umstand zu entschuldigen, dass die Tage vor Weihnachten & Neujahr eine derartige Geschäftsüberhäufung brachten, dass wir beim besten Willen die nicht so pressanten Briefe zurückstellen mussten.

Da die Verhandlung aber doch erst am 10. Januar stattfindet, ist es ja noch immerhin früh genug, wenn wir Jhnen jetzt den wahren Thatbestand mitteilen.

Vogelsang ist mit einem Wort ein Lump & mit zwei Worten ein grosser Lump. Auch wir sind der Ansicht, dass er die Jnserenten alle beschwindelt hat & dass von Abonnenten seiner Wörishofer Zeitung nicht die Rede sein kann.

Vogelsang liess in der Zeit von 30. Nov. 97 bis 9. Juni 98 im Ganzen 32 Nummern in einer Auflage zwischen 800 – 1000 Stück herstellen & da wir doch ziemlich vorsichtig waren, haben wir an denselben nur mehr eine Forderung von M. 112.60. Trotzdem uns Vogelsang nun schuldet, hatte er doch die Frechheit, uns zuzumuten, die fehlenden 28 Nummern nachzudrucken, nur damit er den Inserenten gegenüber Belege aufweisen kann. Er meinte, der Inhalt der Zeitung sei ja ganz nebensächlich; wir könnten da irgend einen stehenden Text verwenden. Die Hauptsache sei nur die, dass die Inserate so & so oft erschienen seien & dass er Belegexemplare für die Inserenten in Handen habe.

Dieser Mensch soll ja recht gut hinter Schloss & Riegel aufgehoben werden. Das wünschen wir ihm aufrichtigst.

Vogelsang ist ja so immer auf der Schneid des Gesetzes gegangen & jetzt scheint er doch einmal abgerutscht zu sein.

Es würde zu weit führen, Ihnen all die Stückl zu erzählen, die er mit uns getrieben hat.

Als er sah, dass wir nur mehr per Nachnahme sandten, dirigirte er einen Teil der Packete nach Immenstadt, einen andern nach Kempten & den Rest nach Wörishofen. Er löste nur eine Nachnahme ein, die andern blieben unerhoben & die letzteren wurden überhaupt nicht erhoben.

Es ist dies der Beweis dafür, dass er unmöglich soviel Abonnenten haben konnte, als er drucken liess, denn er hätte mit seinem Blatt die Abonnenten nicht befriedigen können.

Wir wünschen daher aufrichtigst, dass Ihre Klage gegen den Schwindler besten Erfolg hat & dass derselbe dahin kommt, wohin er gehört, nämlich in's Gefängniss.

Hochachtungsvoll

P. Schuch & Cie

Verhör von Vera Vogelsang

Verhoer
in der Untersuchung gegen Ludwig Frhr[Freiherr]. von Vogelsang & Gen. wegen Betrugs

Kempten 7. Januar 1899

Praes: Vollmuth k. Ldg. Rath [königlicher Landgerichtsrat]
Unters. [Untersuchungs]Richter Knauer

Die Nachgenannten wurden nach Bekanntgabe des Gegenstands der Untersuchung und Befragung im Sinne des § 1236 c. St.P.O.[Strafpolizeiordnung] vernommen wie folgt:

Generalia:
Veronika von Vogelsang, geb. Waibel, katholisch, geboren am 23. Dezember 1833 zu Hindelang, Tochter der Malerseheleute Konrad und Viktoria Waibel, letzte geb. Fink, noch nicht bestraft.

z.S.[zur Sache]
Ich habe, nachdem meine Eltern von Hindelang nach Wörishofen übergesiedelt waren, zunächst im Institut der engl. Frl. [englische Fräulein] zu Lindau mich zum Lehrerinnen Beruf vorbereitet, war dann mehrere Jahre zu meiner weiteren Ausbildung in Frankreich und habe dort das Staatsexamen als Lehrerin gemacht.
Nachdem ich im Jahre 1889 nach Wörishofen zurückgekehrt war, war ich zunächst dort als Sprachlehrerin thätig, bis ich im Februar 1893 die Redaktion der 1[ein] Monat zuvor gegründeten Wörishofer Zeitung übernahm.

Im Sommer 1893 kam mein jetziger Mann zunächst als Kurgast nach Wörishofen, er übernahm schon im September 1893 die Redaktion der gesamten Zeitung
Nachdem er ein Reiseausflugsbureau gegründet hatte, war ich in diesem namentlich soweit es sich um den Verkehr mit Ausländern handelte aus Gefälligkeit einfach mitthätig und wurde in seine Verhältnisse wenigstens insoweit eingeweiht, daß ich erfuhr, daß er von Haus aus nicht eben vermögend sei, jedoch von seiner Mutter infolge von Mißhelligkeiten damals Unterstützung nicht erhielt.
Vor etwa 2 Jahren erkrankte er schwer an Typhus, damals war ich neben einer barmherzigen Schwester zu seiner Pflege thätig. Da an seinem Auskommen gezweifelt wurde, machte ich seiner Mutter telegraphisch Mittheilung und als sie kam, stellte er mich ihr als seine Braut vor.
Damals hat mir seine Mutter 1700 Mk [Mark] zur Verwendung für ihn und im Geschäft übergeben.
Das Geschäft ging bis zum Tode Kneipps sehr gut, seitdem aber ging es zurück, mein Mann erhielt, seit dem damals seine Mutter in Wörishofen gewesen war, von ihr und von anderen Verwandten auf Verlangen jederzeit die erforderlichen Mittel, auch von meiner Schwester, die Directrice in einem Kneippbad in Cleve ist, kann ich jeder Zeit Geldmittel erhalten.
Im Winter 1897/98 war sowohl die Abonnetenzahl der Zeitung, als auch der Umfang des Geschäfts im Auskunftbureau erheblich zurückgegangen. Wir schritten aber gleichwohl, auf Veranlassung meiner Schwester, die uns jederzeit zu unterstützen versprach und in der That mir seitdem 3400 M[ark] gegeben hat, im Januar 1898 zur Verehelichung.
Mein Mann hat in Wörishofen mit der Conkurrenz sehr üble Erfahrungen gemacht, er wollte aber doch die Zeitung nicht ohne Weiteres aufgeben und wir faßten deshalb ins Auge, das

Blatt unter Absehen von Abonnentengewinnung in ein Announcenblatt umzuwandeln, das gratis vertrieben werden sollte. Namentlich ich war der Meinung, daß wir in dem Blatt die Propaganda für das Allgäu durch Artikel und Announcen betreiben sollten.
Später wollte mein Mann das Blatt verkaufen und dann das Gut seiner Mutter eventuell übernehmen.
Gelegentlich unserer in Augsburg erfolgten Verehelichung traf ich dort mit meinem Bruder Zacharias zusammen, der u.a. [unter anderem] meinte, wann er Besitzer der Zeitung wäre, würde er wohl leicht 100 Inserate zusammenbringen, er sei auch bereit, uns Adressen anzugeben, wenn er annehmen könnte, daß die Leute Erfolg mit den Inseraten hätten und er demnach nicht üble Nachrede zu fürchten hätte.
Wir reisten nach Memmingen und Lindau und haben namentlich in Memmingen durch Vermittlung meines Bruders mehrere Announcen erworben.
Auf einer Fahrt auf dem Bodensee schrieb mein Bruder einen Brief an den Hotelier zur Sonne in Friedrichshafen, in dem er uns empfahl, und sagte mir, er ermächtige mich, Briefe im gleichen Sinne in seinem Namen zu schreiben und zwar insbesonders an den Gastwirth Sichler in Sonthofen, den er sehr gut kenne.
Von Lindau reisten wir nach Immenstadt. Dort trafen wir mit Dr. Uherek, der früher schon in unserer Zeitung inseriert hatte und den ich konsultierte wegen Aufgabe von Inseraten, in Unterhandlung.
Doktor Uherek wollte auf eigenes Risiko nicht viel unternehmen, meinte aber doch, eine publizistische Propaganda für das Allgäu wäre von Nutzen, andererseits sollte mein Mann nicht von Haus zu Haus gehen, um Interessenten zu gewinnen. Da erbot sich zu Letzterem ein gewisser Gengel, ein Verwandter des Dr. Uherek.

Es wurden Versammlungen gehalten und es wurden ca. 490 M[ark] für uns ausgezeichnet.
Inserate wurden dafür ausdrücklich nicht verlangt, sondern Artikel über das Allgäu und Immenstadt speziell.
Es wurde vereinbart, daß in jedem Monat ein derartiger Artikel erscheine und zwar meines Wissens bis 1. Oktober.
Über die Größe des Artikels wurde nichts vereinbart.
Wir haben auch Artikel über das Allgäu gebracht, die mit größtmöglicher Sorgfalt abgefaßt waren. Die letzten 3 fälligen Artikel konnten wir freilich nicht mehr bringen, weil die Zeitung dann nicht mehr erscheinen konnte.
Hinsichtlich des Dr. Uherek will ich für heute nur noch erwähnen, daß ich am 28. April [1898] meiner vorzeitigen Entbindung wegen in das Friedrichsbad übersiedelte, daß dahin alsbald auch mein Mann nachkam und daß Dr. Uherek für Verpflegung und ärztliche Behandlung einschließlich der Beträge, die mein Mann für Bier und Wein etc. zahlte, von uns über 1000 M[ark] baar erhielt, in welcher Summe allerdings die 490 M[ark] für die Announce inbegriffen sind.
l.A.
Vera v Vogelsang

Der Untersuchungsrichter.

Das bayerische Allgäu.

Eldorado für Nervenleidende, Erholungsbedürftige u. Sommerfrischler.

Kostenlose Bestellung von Wohnungen in Wörishofen und Abgabe von Hotelkarten aller Länder im Reise-Auskunfts-Verkehrs- und Wohnungs-Bureau Wörishofen.

Reise-Auskunfts-Verkehrs- und Wohnungs-Bureau: Bureau der Wörishofener Zeitung, Wörishofen.

Aus der Wörishofener Zeitung, die jedoch nur in Immenstadt verteilt wurde.

Verhör von Ludwig von Vogelsang

Protokoll

Prae: k.[königlicher] Ober-Amtsrichter Zubert
ste. Ger.Schrbr [stellvertretender Gerichtsschreiber] Esterl

Kempten 19. Januar 1899

Der Nachgenannte wurde mit dem Gegenstand der Vernehmung bekannt gemacht u. namentlich vernommen wie folgt:

Ludwig von Vogelsang, kath. geb. 16. Juni 1860 in Schloß Fußberg bei Gauting bei Starnberg, Sohn des Karl Freiherr von Vogelsang[5] u. der Bertha geb. Freiin von Linden, verh., Redakteur, beheim[atet] in Schallenberg, Fürstenthum Lichtenstein, noch nicht bestraft

z.S. [zur Sache]

Es ist richtig, daß ich von Max Sichler, Joseph Leuthe u. Franz Herz in Sonthofen Geldbeträge ausbezahlt erhalten habe, wogegen ich mich verpflichtete Inserate in den Wörishofener Anzeiger aufzunehmen u. den Anzeiger selbst wenigstens in einzelnen Exemplaren zur Verfügung zu stellen. Dagegen ist es nicht richtig, daß ich eine Verbindlichkeit des Inhalts übernommen habe, den bezeichneten Hotelbesitzern Reisegesellschaften zuzuführen.

---

[5] Karl Freiherr von Vogelsang, vollständig *Hermann Ludolph Carl Emil von Vogelsang* (* 3. September 1818 in Liegnitz (heute Legnica, Polen), Schlesien; † 8. November 1890 in Wien) war ein katholischer Publizist, Politiker und Sozialreformer. Er war einer der Wegbereiter der Arbeiterbewegung in Österreich.

Dem Max Sichler gegenüber mag ich im Laufe des Gesprächs erwähnt haben, daß ich ihm, wenn sich Gelegenheit böte, behilflich sein werden, daß bei Gelegenheit eines Ausflugs Fremde zu ihm kommen werden.
Darauf, daß ich Sichler einen Brief mit der Empfehlung seitens meines Schwagers übergeben habe, entsinne ich mich momentan nicht; wenn es wirklich der Fall war so geschah es in seinem Auftrag oder mit seiner Genehmigung. Unter fremdem Namen habe ich niemals einen Brief angefertigt.
Von dem prakt. Arzt Dr. Uherek erhielt ich glaublich 300 M[ark] ausbezahlt; er wünschte nur, daß in Artikeln auf die Gegend und sein Etablissement aufmerksam gemacht wird. Das geschah mehrfach, ich werde aber die einschlägigen Belege in Vorlage bringen. Wenn ich das übliche Honorar nehmen würde, würden die fragl[ichen]. 300 M[ark] bei Weitem nicht ausreichen.
Mit Uherek habe ich einen schriftlichen Vertrag abgeschlossen. Es sind auch Inserate aufgenommen worden, solange die Zeitung erschienen ist. Sie erschien bis Mitte Juli. Die Weiterlieferung unterblieb nur deshalb, weil ich damals erkrankte und als Redakteur und Verleger keinen Ersatz hatte. Überdies habe ich sämtlichen Beteiligten Mitteilung zukommen lassen, daß die Weiterlieferung nicht erfolgen könne u. daß ich die Leute schadlos halten werde und zwar durch Gratislieferung des Blattes u. Inseration über Publikationen sowie entsprechende Artikel.
Auch von Georg Stiefenhofer in Bühl erhielt ich einen Geldbetrag, wogegen seine Inserate in die Wörishofener Zeitung zu erfolgen hatten.
Auch Stiefenhofer gegenüber ist durch Reklamentitel mehr geschehen, als seine Zahlung ausmacht.
Bei sämtlichen Kunden waren die Beträge so nieder gesetzt, daß ich für das erste Jahr eigent[lich].
(fehlende Seite)

Tafel am Schloß Fußberg bei Gauting. Hier ist auch Ludwig von Vogelsangs Vater als Schlossbesitzer erwähnt.

Eröffnung eines Voruntersuchungsverfahrens gegen das Ehepaar v. Vogelsang

An den Herrn k. [königlichen] Untersuchungsrichter hier mit dem Antrag, gegen Ludwig und Vera von Vogelsang, Voruntersuchung zu eröffnen.

Ich erhebe gegen dieselben die öffentliche Klage, daß sie im vergangenem Jahre in einer Mehrzahl von Fällen in der Absicht, sich rechtswidrige Vermögensvorteile zu verschaffen, das Vermögen anderer dadurch beschädigt haben, daß sie durch Vorspiegelung falscher Thatsachen Irrtum erregten, indem sie beispielsweisen dem Gasthofbesitzer Max Sichler, dem Gastwirt Josef Leuthe und dem Gastwirt Franz Herz in Sonthofen sowie dem Dr. Uherek in Immenstadt vorspiegelten, sie würden ihr Etablissement an Wörishofener Kurgäste empfehlen, Reklameartikel in der Wörishofener Wochenzeitung veröffentlichen u. dgl. und so die Genannten und noch mehrere Personen zur Bezahlung von Geldbeträgen in verschiedener Höhe bestimmten, ohne hinterher die Versprechungen zu erfüllen

Kempten, 26. Januar 1899
Funk II. UR [zweiter Untersuchungsrichter]

Ersuchen des Untersuchungsrichters, Auskünfte über die v. Vogelsang einzuholen

Kempten 28. Januar 1899

Untersuchungsrichter am kgl.[königlichen] Landgerichte Kempten

Vogelsang Ludwig u. Vera
Redakteurseheleute z.Z. {zur Zeit] in Mariaberg [bei Kempten]
wegen Betrugs

I.
Ich requiriere, durch geeignete Recherchen festzustellen
1. wann der Angeschuldigte Ludwig v. Vogelsang und seine Ehefrau Vera, geb. Waibl, nach Woerishofen gekommen sind,
2. seit wann und wie lange die von L.[Ludwig] v. Vogelsang herausgegebene „Wörishofener Zeitung"„ regelmäßig erschienen ist,
3. seit wann und in welcher Weise er sein „Reise- u. Auskunftsbureau" betrieben hat,
4. ob v. Vogelsang von Anfang an in schlechten Vermögens-verhältnissen war,
5. ob er seinen angeblichen Geschäftsführer Julius Brunner regelmäßig bezahlt hat, oder wodurch derselbe sonst seinen Unterhalt sich suchte.
Es solle angegeben werden, welche Persönlichkeiten über die erwähnten Punkte sowie über das Geschäftsgebaren und die Verhältnisse der Angeschuldigten überhaupt am besten Aufschluß geben können

Der Untersuchungsrichter Vollmut

II. Schreiben von der k[öniglichen]. Gend[armerie].Station Wörishofen

In Untersuchungssache hat der Angeschuldigte Herr v. Voglsang angegeben, sie [Vera Waibel, verh. Vogelsang] sei in einem Institut in Lindau ausgebildet worden, sei dann zur weiteren Ausbildung in Frankreich gewesen u. hier auch das Staatsexamen als Lehrerin gemacht, eine Schwester von ihr habe eine sehr einträgliche Stellung als Direktrice einer Kneipp-Kur-Anstalt in Cleve.

Mehrere behaupteten, sie u. ihr Mann, sie hatten in früheren Jahren u. namentlich im Sommer 1897 von ihrem Reisebureau aus Gesellschaftsausflüge nach Füßen, Hohenschwangau etc. veranstaltet, wozu ein ganzer Gesellschaftswagen bis Kaufbeuren engagiert worden sei. Nach anderweitigen Mittheilung soll Vera Waibel bei dem verstorbenen Prälaten Kneipp eine Art von Sekretär-Dienste geleistet [haben] u. bei Kneipp sehr gut angeschrieben gewesen sein. Sie soll sich auch einmal in Meran aufgehalten haben. Ich ersuche über die Richtigkeit solcher Dinge Recherche zu pflegen, in welchen Verhältnissen Vogelsang lebe, wodurch dieser vor ihrer Verehelichung Fremdunterhalt erworben u. welchen Ruf sie genoß sowie endlich darüber, was eigentlich die Veranlassung war, daß der Vogelsang'schen alsbald nach ihrer Verehelichung Wörishofen verließ.

III. Schreiben an das Rentamt Augsburg

Die Angeschuldigten Ludwig u. Vera v. Vogelsang, letztere geb. Waibel, geben an, sich im Jenner 1898 zu Augsburg verehelicht zu haben. (Auskunft ob dies stimmt!)

IV. Schreiben an die k.k.[kaiserliche, königliche] PolizeiStation zu Wien

Der Angeschuldigte von Voglsang gegen den auf Veranlassung mehrerer Gasthofbesitzer wegen angeblich betrüge-

rischer Manipulation beim Sammeln von Announcen für seine „Wörishofer-Zeitung“ Voruntersuchung eingeleitet ist, hat angegeben, daß seine Mutter, eine geb[orene]. von Linde in Wien lebe, Besitzerin des Magdalenhofs, Gemeinde Lamersdorf sei und in der Lage sei, ihn [Ludwig v. Vogelsang] jederzeit mit Geldmitteln zu unterstützen, was sie auch bis in die letzte Zeit gethan habe.
Ich ersuche ergebenst über die Richtigkeit dieser Angabe Erhebung pflegen u. mir gleichzeitig mit dem Ergebnisse derselben mittheilen lassen zu wollen, ob etwas über die Persönlichkeit des Angeschuldigten bekannt ist.

V. Schreiben an die k.k.Bez.[kaiserliche und königliche Bezirks] Hauptmannschaft Korneuburg [im Weinviertel]
Ich ersuche ergebenst um gefällige Mittheilung, ob dies richtig ist, ob das Gut stark verschuldet ist u. was etwa jenseits über die Familie des Beschuldigten bekannt ist.

Kempten 11. Februar 1899

Der UntersuchungsRichter
Vollmuth

Untersuchungsbericht über den Aufenthaltes und die Tätigkeiten der Vogelsang' in Wörishofen

Wörishofen, 30. Januar 1899

Dem Herrn Untersuchungsrichter bringe ich in Erledigung der überstehenden Requisiten und auf Grund der deshalb gepflogenen Erhebungen dienstlich zur Anzeige, was folgt:

ad 1: Ludwig Jos[ef]. v. Vogelsang kam im Jahre 1894 zunächst als Kurgast nach Wörishofen; seine nunmehrige Ehefrau Vera geb. Waibel, mit welcher er seit Dezember 1897 verheiratet ist, war schon mehrere Jahre vorher hier und wohnte bei ihren Eltern den Malerseheleuten Waibel dahier.

ad 2: Zuerst u. zwar Ende des Jahres 1894, war Vogelsang bei dem Buchdruckereibesitzer Rabis, damals in Türkheim, jetzt glaublich in Höchstädt a/D., welcher eine Zeitung unter dem Titel „Türkheim=Wörishofer=Zeitung" heraus gab, als Redakteur thätig. Im Jahre 1895 erwarb Vogelsang von x. Rabis diese Zeitung käuflich, worauf er dieselbe Zeitung unter dem Titel „Wörishofer=Zeitung" selbständig erscheinen ließ Diese Zeitung, welche in Türkheim, dann in Landsberg und zuletzt in München gedruckt wurde erschien nun regelmäßig bis zum Jahre 1897 u. zwar bis Oktober, von da ab erschien sie nicht mehr regelmäßig, da oft 8 bis 14 Tage, ja sogar 3 Wochen kein Blatt mehr erschien. Die Ursache soll in der Nichtbezahlung der Druckerkosten gelegen haben. Endlich, Anfang Juli 1898, blieb die Zeitung ganz aus und ist seitdem nicht mehr erschienen.
Hierüber kann hauptsächlich der Friseur Ludwig Welsch dahier Aufschluß geben.

ad 3: Seit den Monaten März 1896 betrieb Vogelsang im Hause der Frau Ludovika Huber dahier ein Reise= u. Auskunftsbureau, welches er bis zur Stunde noch nicht gekündigt hat u. wofür er noch 190 M[ark] Miete schuldet. Seine Thätigkeit bestand darin, daß er bezw[beziehungsweise]. die Waibel, welche eine ständige Mitarbeiterin des Vogelsang war, Empfehlungen an Hotels, Vermittlungen von Reisebilleten, Zusammenstellung von Reiserouten, Auskünfte über Wohnungen, sowie Kreditverhältnisse; dann Vermittlung von Häuserverkauf und Tausch p.[etc.] vermittelten; das Geschäft ging anfangs flott. So ist mir selbst bekannt, daß er einmal bei einem Hausverkauf 10.000 M[ark] verdiente. Es wurde hier auch flott gelebt. Voglsang hielt sich ein Pferd u. einen Wagen. Aber nach nicht langer Zeit waren die 10.000 M[ark] alle.

ad 4: Vogelsang scheint von Anfang an in schlechten Vermögensverhältnissen gewesen zu sein, denn mit der Bezahlung hat es bei ihm, wie man so sagt, von Anfang an gehappert. Hierüber kann Bürgermeister Johann Singer dahier am besten Aufschluß gebe.

ad 5: Sein angeblicher Geschäftsführer Julius Brunner dahier ist ein 18jähriger Bursche der z.Z. [zur Zeit] die Rolle eines Vermittlers zwischen ihm u. Vogelsang spielt was wohl seine ganze Beschäftigung z.Z.[zur Zeit] sein wird. Das Bureau ist die meiste Zeit geschlossen, was beweist, daß kein Geschäft geht. Brunner kam im Jahre 1897 im Monate Mai zu Vogelsang in dessen Bureau als Schreiber; er war nie fest angagirt [engagiert] und hatte auch keinen fest ausgemachten Lohn. Er war an keine Bureauzeiten gebunden und bezahlt wurde er je nachdem er arbeitete. Dabei schrieb Brunner auch Artikel für fremde Zeitungen von denen er eigens honoriert wurde und hat er sich also auch dadurch seinen Unterhalt verschafft.

Mit der Bezahlung seitens Vogelsang, will Brunner immer zufrieden gewesen sein.
Vom 2. August ab bis zum 1. Dezember 1898 hat Brunner das Bureau des Vogelsang ständig über sich gehabt u. Vogelsang kam nur noch von Zeit zu Zeit hieher auf ein paar Tage. Im Dezember wurde das Bureau geschlossen u. ist zur Zeit noch geschlossen; nur Brunner, der manchmal darin schreibt, hat den Schlüssel hiezu.
Außer den bereits genannten Personen kann, insbesonders über das Geschäftsgebahren des Vogelsang, der Buchdruckereibesitzer Max Steinweg dahier am besten Aufschluß geben

Michael Weggemann, StationO[ber]Kommandant.

Erkundigungen eines Wachtmeisters über den Aufenthaltsort der Familie Vogelsang bei Kempten

Kempten 29. Jenner 1899

Der Station Wiggensbach zur schleunigsten direkten Erledigung
Steglmayr, Wachtmeister

Wiggensbach 31. Jenner 1899

Dem Herrn Untersuchungsrichter bringe ich dienstlich zur Anzeige, daß nach meinen Recherchen die beiden Vogelsang seit anfangs Mai 1898 in Mariaberg bei der Wirtswitwe Molfentor im Nebenhause in Wohnung sind. Zu welchem Zwecke sie dort sind ist näher nicht bekannt. Anfangs hieß es, als Sommerfrischler.
Wodurch sie ihren Unterhalt sich verschaffen ist dort nicht bekannt; einige Leute glauben von dem Verlage der Wörishofer Zeitung von der aber in letzter Zeit nichts mehr gesehen wurde.
Ludwig Vogelsang hält dort ein Pferd und ein eigenes Fuhrwerk und fährt fast täglich nach Kempten.
Die beiden v. Vogelsang haben nach Mariaberg ein Kind mitgebracht, welches in Immenstadt geboren sein soll.
Dieses Kind gaben sie zeitweise in Verpflegung zu gewissen Taglöhnersleuten Reichart in Oberwittleiters bei Mariaberg, Gemeinde Skt.[Sankt] Lorenz und dort trafen mehrere Briefe

aus Wörishofen ein, die außen die Adresse Reichart, innen aber die Adresse v. Vogelsang trugen.
Von den beiden v. Vogelsang habe ich vorerst keinen um Auskunftserteilung angegangen.
Einige Leute glauben, daß dieselben rechtmäßig gar nicht so heißen wie sie sich ausgeben.

Michael Meister, Sergant.

Weiteres Verhör von Ludwig v. Vogelsang

Verhoer

In der Untersuchung gegen Ludwig
Frhr. [Freiherr] v. Vogelsang, wegen Betrug

Kempten, 7. Februar 1899

Praes: Vollmuth, k. Ldg. Rat [königlicher Landgerichtsrat]
Untersuchungsrichter Knauer

Der Nachgenannte wurde nach Bekanntgabe des Gegenstands der Untersuchung in der Befragung im Sinne des § 136 d StPO vernommen, wie folgt:

Generalia:
Ludwig Freiherr von Vogelsang d.u.G. [der unten Genannte] richtig erhoben

zS.[zur Sache]

Meine Eltern besaßen früher das Schloßgut Fußberg, Gd. [Gemeinde] Gauting. Nach Veräußerung desselben an H. v. Hiesch haben sie ein Landgut in der Nähe von Wien erworben.
Ich wollte mich ursprünglich der militärischen Laufbahn widmen u. habe auch als Freiwilliger den Feldzug in der Herzegowina 1882 mitgemacht, mußte aber wegen Kränklichkeit wieder ausscheiden.
Ich lebte dann bis 1893 bei meinen Eltern, wobei ich bis zu dem 1890 erfolgten Tod meines Vaters diesen bei seinen schriftstellerischen Arbeiten unterstützte.

Da ich mich schließlich mit meiner Mutter nicht mehr recht vertrug, suchte ich mir eine eigene Existenz zu gründen u. kam durch Vermittlung von Bekannten im Septbr. [September] 1893 nach Wörishofen, wo ich die Redaktion der Wörishofer Zeitung übernahm, die damals im Besitz der Firma Rabis in Türkheim war.
Ich ging namentlich auch deshalb nach Wörishofen, weil ich gleichzeitig eines Halsleidens wegen, mich einer Kur unterziehen wollte. Als Redakteur bezog ich nur einen kleinen Gehalt.
Meine Vorgängerin in der Redaktion war meine jetzige Frau, namens Veronika geb. Waibel.
Ihr Vater war früher Grundbesitzer und Malermeister in Hindelang, wo sie geboren ist. Derselbe lebt aber bereits seit 20 Jahren in Wörishofen, wo er ein Anwesen besitzt.
Meine Frau wurde in Frankreich ausgebildet, nach ihrer Rückkehr von dort schrieb sie Broschüren und Zeitungsartikel über Pfarrer Kneipp, in anderer Weise war sie meines Wissens schriftstellerisch nicht thätig.
Im Jahre 1895 erwarb ich die Wörishofer Zeitung selbst um 2500 M[ark], von welchem Preis ich nach späterer Vereinbarung nur etwa 1500 M[ark] zu zahlen hatte.
Nach einiger Zeit ließ ich die Zeitung bei der Firma Scheurer in Landsberg und später bei dem jetzt in Wörishofen ansäßigen Steinweg drucken – vielmehr zuerst bei Steinweg und dann bei Scheuerer.
Schon seit 1894 habe ich auch ein Reise-Auskunftsbureau betrieben das aber erst i.J. [im Jahre] 1895 größere Ausdehnung gewann.
Im Januar 1898 habe ich mich verheiratet.
Auf diese Weise habe ich im Wesentlichen meinen Unterhalt selbst verdient und nur ab und zu Zuschüsse von meinen Angehörigen bezogen; nennenswerte Zahlungsschwierigkeiten kamen nicht vor.

Seit Kneipps Tod kamen wenig Ausländer mehr nach Wörishofen und seitdem hat das Auskunftsbureau an Bedeutung verständlich verloren.
Grundbesitz habe ich in Wörishofen, abgesehen von einer Wiese, die ich um etwa 1300 M[ark] als Bauplatz erwarb, nicht besessen.
Die Wörishofer Zeitung hatte, als ich die Redaktion übernahm, etwa 200 Abonnenten. Später habe ich zunächst durch ziemlich regelmäßige Aufnahme der Vorträge Kneipps die Abonnentenzahl auf 600 – 800 gebracht, schließlich wurden mir aber, namentlich durch die Conkurrenz Steinweg, die Abonnenten zum größten Theil wieder entzogen, sodaß ich mich Ende 1897 entschloß, auf die Gewinnung von Abonnenten ganz zu verzichten und das Blatt von 1898 an gratis zu vertreiben.
Das dürfte so ziemlich zusammenfallen mit der Zeit, in der die Firma Schuh [in München] den Druck übernommen hat.
Um dieselbe Zeit veranlaßte mich auch die äußerst klamme Konkurrenz Steinwegs mich nach einem andern Wohnort umzusehen und in Wörishofen nur insolang Aufenthalt zu nehmen, als das Geschäft absolut erforderte.
Ich machte zunächst mit meiner Frau eine kleine Reise nach Memmingen, Lindau und Immenstadt, auf der uns bis Lindau ein Bruder meiner Frau, Namens Zacharias Waibel, der Reisender bei Farbwarengeschäft Beyerle in Memmingen ist, begleitete.
In Immenstadt wohnten wir zunächst im Gasthof zum Hirsch und lernten während dieser Zeit den Dr Uherek, der früher schon in meiner Zeitung annonciert hatte, persönlich kennen. Ich legte ihm nahe ob er nicht bei mir annoncieren wolle, es gelang mir auch, ihn dafür zu gewinnen, er wollte aber größere Summen nicht aufwenden, deshalb suchte er andere Interessenten zur Betheiligung zu veranlassen, es wurden Versammlungen gehalten, von denen ich zunächst 900 M[ark]

etwa verlangte und schließlich 500 M[ark] zugesichert erhielt. Dafür sollte ich namentlich Artikel über Immenstadt, das Friedrichsbad und die Gegend bringen.
Dr. Uhereck hatte uns schon mehrfach angeboten, in sein Friedrichsbad überzusiedeln und meine Frau hat dann, als sie am 28. April [1898] vorzeitig niederkam, von diesem Anerbieten Gebrauch gemacht.
Ich selbst war damals gerade in Wörishofen, nach meiner Rückkunft zog ich gleichfalls ins Friedrichsbad.
Wir blieben dort bis Ende Juli nur war ich dazwischen einige Wochen in Wien, seitdem wohnen wir auf dem Mariaberg [bei Kempten] in einem der Witwe Moltendex gehörigen Nebenhause. Wir bestritten unseren Unterhalt zum größten Theil aus Zuschüßen, die ich von meinen Angehörigen erhielt, zum Theil auch aus solchen seitens der Angehörigen meiner Frau.
Es ist richtig, daß ich Chaise und Pferd mit auf den Mariaberg brachte, ich hatte dieselben im Geschäft in Wörishofen nötig, mittlerweile habe ich sie an Frau Moltendex verkauft.
Das Auskunftbureau habe ich früher Sommer und Winter betrieben, in diesem Winter betreibe ich es jedoch nicht und habe nur einen gewissen Julius Brunner in Wörishofen, der für mich die Correspondenz empfängt etc.
Wann ich früher sagte, dieser Brunner sei seit länger Corresp. [Korrespondent] der Augsburger Abendzeitung, so war ich wirklich dieser Meinung und (wollte) damit gewiss nicht die Unwahrheit sagen.
Von Immenstadt aus habe ich mich auf Auffordern des Dr. Uherek hin auch nach Sonthofen begeben, um Announcen zu gewinnen.
Dr. Uherek hat mir auch die Adressen angegeben, indem er sagte, der und der muß auch mitthun, damit wir uns leichter thun.

Die Adresse des Max Siedler war mir allerdings vorher schon von meinem genannten Schwager (Zacharias Waibel) angegeben worden, dieser hat auf der erwähnten Reise geäußert, er kenne viele Gasthofsbesitzer, da sollten wir hingehen und uns durch Bezugnahme auf ihn einführen.
Meine Angaben vom Letzten vorigen Monats bezüglich des Briefes meines Schwagers muß ich gleich hier, wie folgt, berichtigen:
Bei einer Fahrt auf dem Bodensee kam mein Schwager wieder darauf zu sprechen daß er viele Gasthofbesitzer kenne und auch bereit sei in unseren Angelegenheiten an sie zu schreiben, er habe aber nicht hinreichend Zeit dazu, meine Frau könne ja in seinem Namen die Briefe schreiben. Er entwarf auch einen solchen Brief und sagte zu meiner Frau, er ermächtige sie in diesem Sinne an die und die – darunter auch an den Gastwirth Sichler in Sonthofen zu schreiben und daraufhin hat, meines Wissens meine Frau den Brief an Sichler geschrieben.
Mit Leuthe habe ich wohl über das Annoucieren gesprochen ich glaube aber, daß ich da die Announcen schonn hatte.
Mit Herz habe ich meines Erinnerns über geschäftliche Dinge gar nicht gesprochen.
Bei Stiefenhofer in Bühl war ich in Begleitung eines gewissen Gengel der Kleider= und Bilderhändler in Immenstadt und ein Neffe des Dr. Uherek ist.
Die Verhandlungen mit Stiefenhofer führten in der Hauptsache Gengel, von dem ich aber sofort bemerkte, daß er sehr feindselig gegen mich gestimmt ist.
Ich muß von vornherein bemerken, daß ich bei keinem der Genannte nirgend eine Angabe über die Zahl der Abonnenten meines Blattes gemacht habe, ich kann mich zwar nicht erinnern ob und in wieweit ich gesagt habe, daß das Blatt nur gratis vertrieben werde, wenn aber die Rede auf die Art und Weise des Vertriebs kam, habe ich sicher nur die Wahrheit

angegeben und ich erinnere mich auch bestimmt, bei mehreren Gelegenheiten ausdrücklich gesagt zu haben, daß der Vertrieb gratis erfolge.
Ebensowenig habe ich über die Größe der Auflage jemals unwahre Angaben gemacht.
Ich habe namentlich meiner Frau immer eingeschärft, wenn je die Rede darauf komme, hinsichtlich der Auflage und Abonnentenzahl, ja keine Zahlen zu nennen, und keine Angaben zu machen, von denen sie nicht ganz gewiss wisse, daß sie stimmen.

Auf Vorhalt:

Bei Sichler in Sonthofen war ich 3 oder 4 mal, ich habe ihm wohl zugeredet in meiner Zeitung zu annoncieren, es bedurfte aber gar nicht viel zuredens, die meiste Wirkung hatte der erwähnte Brief, den meine Frau im Namen ihres Bruders geschrieben hat.
Die Angaben des Sichler über den Inhalt dieses Briefes sind richtig, soweit ich mich erinnere.
Ich habe sicher nicht zugesichert, daß ich bei dem Engländern und Franzosen nach Sonthofen führen werde, ich habe höchstens folgendes gesagt:
„Wir haben früher von unserem Büro aus Ausflüge nach Hohenschwangau veranstaltet und ich würde versuchen, wenn es möglich sei, die Aufmerksamkeit der Fremden auf die Sonthofer Gegend zu lenken und vielleicht gelinge es dann die Leute zu veranlassen, in diese Gegend zu kommen und daß ich natürlich sein Haus empfehlen würde wenn Partien in die Gegend kämen.
Meine Frau, die indes 2mal mit bei Sichler war, mag vielleicht auch davon gesprochen haben, daß Engländer und Franzosen aus Wörishofen zu kommen pflegen, ich habe aber nicht gesagt, die Fremden würden mehrere Tage bei Sichler bleiben.

Da könne er große Rechnungen machen, in meiner Gegenwart hat auch meine Frau Äußerungen wie sie in der Gendarmerieanzeige und in dem Vernehmungsprotokoll behauptet sind, nicht gemacht, ich würde dieselbe sonst sofort richtig gestellt haben.
Da erinnere ich mich bestimmt, daß der erwähnte Gengel, der einmal mit bei Sichler war, äußerte, Sichler könne auch mit seinem Fuhrwerk Geld verdienen, wann Partieen hinkämen. Ob er das zu mir oder zu Sichler selbst gesagt hat, weiß ich nicht mehr.
Von Sichler habe ich 50 M[ark] für 1 Inserat bekommen, das bis Ende der Saison regelmäßig erscheinen sollte.

Vogelsang

Auf Befragen gibt der Angeschuldigte noch an:
Ich habe, wie in meinen andern Rechtsangelegenheiten, so auch in meiner Prozeßsache gegen Dr. Uherek, dem Herrn Justizrat Kraus in Memmingen meine Vertretung übertragen. Ich erkläre hiemit ausdrücklich, daß ich dem genannten Herrn sowie dessen Assistent Herrn Ra [Rechtsanwalt] Geselle, falls ihre Vernehmung erforderlich sein solle im Sinn von § 52 Abs2 d.StPo der Verschwiegenheit entbinde.

Zeugenvernehmungen von Joseph Leuthe, Max Silcher und Franz Herz

Zeugenvernehmung
in der Untersuchung gegen Vogelsang Ludwig & Vera wegen Betrugs.

Sonthofen, 8. Februar 1899

Praes: Vollmuth, k. LdgRath [königlicher Landgerichtsrat]

Unters[uchungs]Richter Knauer
Als Zeugen werden unter Hinweis auf den ev[eventuell]. zu leistenden Eid nach Ermahnung zur Wahrheitsangabe vernommen

1.
Joseph Leuthe 37 Ja[hre]: verw[itwet].
Gasthofbesitzer hier cgn.

zS. [zur Sache]
Der Angeschuldigte kam im Mai v. M.[vorigen Monats] zum erstenmal zu uns u. zwar mit einem Einspännerfuhrwerk, er zechte ordentlich und lud mich schließlich ein, bei ihm Platz zu nehmen.
Da erzählte er mir, er habe eine Zeitung in Wörishofen und meinte, es wäre wohl nicht schlecht für mich, wenn ich annoncieren würde. Auf meine Frage nach dem Preis meinte er 50 Mark und bezeichnete schließlich 30 M[ark] als Preis für die kleinste Announce. Ich sagte ihm, ich hätte an diesem Tag nicht wohl Zeit zu einem Geschäftsabschluß, er möge ein andermal wieder kommen.

Nach drei oder 4 Tagen kam er wieder, machte wieder eine ordentliche Zechen und nun ließ ich mich bestimmen, bei ihm eine Announce zu 30 M[ark] aufzugeben.
Er sprach davon, daß seine Zeitung ein Inseratenblatt sei das alle Wochen erscheine und meine Announce würde bis 1. October in jeder Nummer aufgenommen. Er sprach auch davon, daß er ein Auskunftbüreau in Woerishofen habe, daß von den Kurgästen in Woerishofen vielfach Ausflüge gemacht werden und daß ich mit Rücksicht darauf von den Inseraten sicher Vortheile haben werde.
Diese Darlegungen im Zusammenhang mit seinem ganzen Auftreten bestimmten mich, das Geschäft abzuschließen. Daß er versprochen hätte, mir selbst direkt Fremde zuzuführen oder meinen Gasthof zu empfehlen, kann ich nicht behaupten.
Einige Tage später kam ein Mädchen, angeblich von ihm geschickt, um die 30 M[ark] zu holen.
Ich erklärte aber, er solle selbst kommen. In der That kam er auch bald darauf und ich zahlte ihm 30 M[ark].
Dabei hat er weitere Vorspieglungen nicht gebraucht.
Bei diesen Besuchen war er immer allein +[und] erst später war einmal seine Frau und die Familie Gengl bei ihm, es hat aber weder seine Frau noch Gengl über das Geschäft gesprochen.
Es wurden mir von der Wörishofer Zeitung 5 oder noch mehr Nummern, die meine Announce enthalten, zugeschickt.
Dann kam nichts mehr.
Wenn ich auch nicht sagen kann, ob die Annonce irgendwelchen Erfolg hatte, kann ich doch namentlich mit Rücksicht auf die erheblichen Zechen nicht behaupten, daß ich nennenswerth beschädigt bin.

l.U. [laut Unterschrift]
Leuthe

2.
Max Sichler, 36 J[ahre]. d.u.G.[dem … Gericht] bekannt

z.S.[zur Sache]
Am Fasnachtsdienstag v.Js. [vorigen Jahres] kam nachmittags ein Herr, der sich als Frhr. [Freiherr] v. Vogelsang vorstellte, unter welcher Adresse bereits einige Briefschaften bei mir eingelaufen waren. Er erklärte, er habe eine Zeitung und ein Reisebureau in Wörishofen und lud mich ein, bei ihm zu annoncieren. Er zeigte mir einen an mich gerichteten Brief von seinem mir wohl bekannten Schwager Zacharias Waibel des Gehalts: „Da er immer bei mir wohne, möchte ich seinen Schwager auch unter die Arme greifen, durch eine Announce. Er habe ein Reisbureau in Wörishofen und das Geld komme gewiß dadurch wieder herein, da mir sein Schwager Fremde zuschicke". Der Brief war 4 Seiten lang, leider besitze ich ihn nicht mehr. Vogelsang zeigte mir seine Zeitung vor und gab als Preis der Announce je nach der Größe 30, 50 od. 100 M[ark] an.
Er sprach auch davon, daß er ein Reisebureau habe, er schlage allwöchentlich an in Wörishofen, daß er einen Ausflug da und dahin arrangiert würde, wenn ich annoncieren würde, (würde) er nach Möglichkeit auch mir solche Gesellschaften zuweisen, jedenfalls könnte ich immer für solche Ausflüge in die hiesigen Gegend das Fuhrwerk stellen. Ich erklärte ihm aber, ich wolle nicht annoncieren.
Nach einiger Zeit hörte ich davon, daß in Immerstadt sich ein Consortium bilden wolle, um die Vogelsangschen Vorschläge auszuführen. Um diese Zeit kam er mit seiner Frau, die das erst Mal nicht dabei war und diesmal entwickelte mir namentlich die Frau die Pläne bezüglich der Ausflüge, ich ließ mich aber nicht auf eine Zahlung ein.

Bald darauf kam Gengl zu mir und theilte mir mit, daß man in Immenstadt für die Sache gewonnen sei. Die Sache habe eine große Zukunft und malte mir die Pläne kolossal aus.
Darauf hin entschloß ich mich, mich auch mit 50 M[ar]k an der Sache zu betheiligen.
Bald darauf kam Vogelsang und Frau wieder und ich zahlte ihnen die 50 Mk.
Ich betone, daß ich das Geld nicht für die Inserate zahle, die waren mir Nebensache, sondern deshalb, weil ich von den geplanten Ausflügen und namentlich von der Abstellung von Fuhrwerk die mir besonders auch für etwaige Ausflüge ab Immenstadt zugesichert wurden, Gewinn erhoffte.
Bei der 2. Anwesenheit bekannte namentlich die Frau, daß man bei etwaigen Ausflugsgesellschaften gut rechnen könne, weil lauter reiche Leute dabei seien. Später kam Zacharias Waibel einmal zu mir. Auf Vorhalt sagte er mir, er hätte den Brief nicht geschrieben, das seien bloß Finten von seinem Schwager. Auch dem Vogelsang selbst machte ich Vorhalt, weil er Niemand brachte, er schob die Schuld auf schlechtes Wetter und den geringen Besuch von Wörishofen und meinte, später werde es schon kommen.
M. Sichler

3.
Franz Herz d.i.G. bekannt

z.S [zur Sache]
Ich kenne die Angeschuldigten persönlich nicht, anfangs oder Mitte Juni v. Js. [vorigen Jahres] kam ein Frl. Vogler, die meines Wissens im Friedrichsbad bedienstet war, mit einer Zeitungsmappe zu mir, sie legte mir einige Nummern der Wörishofer Zeitung vor und forderte mich auf auch announciren zu lassen, obwohl ich nicht gerne announciere,

ließ ich mich doch durch den Umstand, daß in den betre[effenden]. Nummern schon die Announcen von Leuthe wie Sichler, Dr. Uherek und anderen in der Umgegend enthalten waren, bestimmen, eine kleine Announce von 30 M[ark] aufzugeben. Die Vogler sagte nur, die Zeitung erscheine den ganzen Sommer jede Woche einmal. Über Größe und Art der Verbreitung des Blattes sagte sie nichts. Sie sprach wohl auch davon, daß Ausflüge in die Gegend gemacht würden, aber ich legte dem kein Gewicht bei sondern mich bestimmte, wie gesagt, das Announcieren der Anderen

Der Untersuchungsrichter
Vollmuth
Knauer

Zeugenvernehmungen von Georg Stiefenhofer und Dr. Uherek

Zeugenvernehmung in der Untersuchung gegen Ludwig Freiherr von Vogelsang gen wegen Betrugs

Immenstadt 8. Februar 1899

Praes: Vollmuth k. Lgd. Rath [königlicher Landgerichtsrat]
Untersuchungsrichter Knauer

Als Zeugen wurde unter Hinweis auf den ev[entuell]. zu leistenden Eid nach Ermahnung zur Wahrheitsangabe vernommen

1.
Johann Georg Stiefenhofer 23 J.a.[Jahre alt] – kath. ledig[er] Gastwirth zum Strauß in Bühl; c.g.n.

z.S. (zur Sache)
Am17. oder 27 April v. Js. [vorigen Jahres] kam der Kaufmann Gengl in Begleitung eines Herrn und einer Dame zu mir.
Nachdem sie Einiges verzehrt hatten, forderte mich Gengl auf, meine Fremdenzimmer zu zeigen.
Während ich dies tat sagte mir Gengl, der Herr sei ein Freiherr von Vogelsang und der Inhaber eines Zeitungs= und Reiseauskunftbureaus in Wörishofen und ich wurde aufgefordert, auch in der betr[effenden]. Zeitung zu announciren.
Ob das zuerst von Gengl oder dem Freiherrn geschah, kann ich nicht mehr sagen.
Der Letztere legte mir ein Blatt vor, zeigte mir, wie groß die Announce werden, daß sie in deutscher u. französischer Sprache erscheinen werde, die Zeitung erscheine alle Woche

einmal u. zwar bis 30. Oktober. Die Annouce würde in jede Nummer aufgenommen und koste 65 M[ark].
Gengl sagte, daß auch Dr. Uherek, der meines Wissens ein Schwager von Gengl ist, annoncirt habe und lobte das Unternehmen des Freiherrn sehr.
Ich setzte ihm sofort auseinander, daß ich auf die Inserate weniger Wert lege als auf seine übrige Thätigkeit. Bestimmt hat mich zur Aufgabe der Annonce vor allem die Mittheilung des Gengl, daß auch Dr. Uherek annociert habe. Den Äußerungen über Veranstaltung von Ausflügen habe ich besondern Werth nicht beigelebt.
Das kann ich nicht behaupten, daß Voglsang mir auch versprochen hätte meinen Gasthof, abgesehen von der Annonce, auch direkt zu empfehlen.
Es kann sein, daß ich auch nur 55 M[ark] bezahlt habe, also die 5 M[ark] Rabatt von 60 M[ark] abgingen.
Die Quittung, die ich heute eingesehen hab, lautet auf 60 M[ark].
l.A.
Gg.[Georg] Stiefenhofer

2.
Dr. Uherek Constantin etc., Generalien erhoben

z.S.[zur Sache]
Ich hatte bereits in den Jahren 1895 u 1896 in der Wörishofer Zeitung annouciert aber dabei keinen Vorteil daran, daß Vogelsang seine jetzige Frau bei dieser Zeitung irgendwie betheiligt sei, dagegen war mir bekannt, daß Vera Waibel bei Pfr. [Pfarrer] Kneipp eine Art von Sekretärsdiensten leistete, bei Pfr[Pfarrer]. Kneipp gut angeschrieben war und Artikel in die Kneippblätter schrieb.

Von Vogelsang selbst wußte ich nichts bis ich den von mir hiemit wieder zu den Akten übergebenen Brief dd.[des Datums] Immenstadt 20. II. 98 erhielt.
In den nächsten Tagen fand er sich in meiner Restauration ein und bei einer Besprechung trug er mir im Wesentlichen den Inhalt des Briefs wieder vor.
Ich setzt ihm sofort auseinander, daß ich auf die Inserate weniger Wert lege als auf seine übrigen Thätigkeiten und daß ich als Arzt nicht wohl von Haus zu Haus gehen und die Interessenten gewinnen könnte, dies vielmehr ihm überlassen müsse, erklärte mich aber gleich bereit, in einer eventuellen Versammlung dafür einzutreten, daß er einen größeren Auftrag im Sinne des von ihm schriftlich und mündlich entwickelten Plans bekomme.
Es war schon in dieser oder doch in einer der ersten der nun ziemlich zahlreich folgenden Besprechungen – er war nun fast allabendlich in meiner Restauration – davon die Rede, daß Artikel über das Allgäu u. speziell über Immenstadt und mein Etablisement erscheinen sollten und ich stellte ihm alsbald auch meine Cliché zu diesem Zweck zur Verfügung.
Bald darauf zeigte er mir die Nummer 8 der Wörishofer Zeitung v. 2.II. [Februar]. der als Beilage des hiemit weiter übergebenen Blatts, enthaltend seinen Aufsatz über das Bair.[bayerische] Allgäu mit meinem Clichè und ein grüner „Saison=Ausflüge" überschriebenen grüner Zettel beilagen.

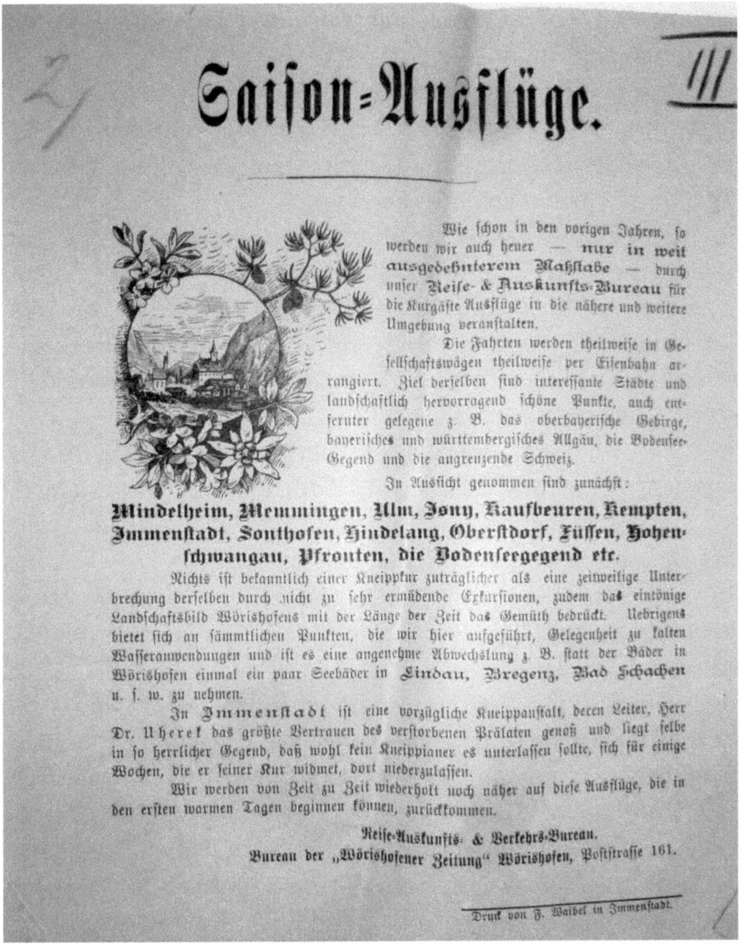

Saison-Ausflüge.

Wie schon in den vorigen Jahren, so werden wir auch heuer — **nur in weit ausgedehnterem Maßstabe** — durch unser **Reise- & Auskunfts-Bureau** für die Kurgäste Ausflüge in die nähere und weitere Umgebung veranstalten.

Die Fahrten werden theilweise in Gesellschaftswägen theilweise per Eisenbahn arrangiert. Ziel derselben sind interessante Städte und landschaftlich hervorragend schöne Punkte, auch entfernter gelegene z. B. das oberbayerische Gebirge, bayerisches und württembergisches Allgäu, die Bodensee-Gegend und die angrenzende Schweiz.

In Aussicht genommen sind zunächst:

Mindelheim, Memmingen, Ulm, Isny, Kaufbeuren, Kempten, Immenstadt, Sonthofen, Hindelang, Oberstdorf, Füssen, Hohenschwangau, Pfronten, die Bodenseegegend etc.

Nichts ist bekanntlich einer Kneippkur zuträglicher als eine zeitweilige Unterbrechung derselben durch nicht zu sehr ermüdende Exkursionen, zudem das eintönige Landschaftsbild Wörishofens mit der Länge der Zeit das Gemüth bedrückt. Uebrigens bietet sich an sämmtlichen Punkten, die wir hier aufgeführt, Gelegenheit zu kalten Wasseranwendungen und ist es eine angenehme Abwechslung z. B. statt der Bäder in Wörishofen einmal ein paar Seebäder in **Lindau, Bregenz, Bad Schachen** u. s. w. zu nehmen.

In **Immenstadt** ist eine vorzügliche Kneippanstalt, deren Leiter, Herr Dr. **Uherek** das größte Vertrauen des verstorbenen Prälaten genoß und liegt selbe in so herrlicher Gegend, daß wohl kein Kneippianer es unterlassen sollte, sich für einige Wochen, die er seiner Kur widmet, dort niederzulassen.

Wir werden von Zeit zu Zeit wiederholt noch näher auf diese Ausflüge, die in den ersten warmen Tagen beginnen können, zurückkommen.

Reise-Auskunfts- & Verkehrs-Bureau.
Bureau der „Wörishofener Zeitung" Wörishofen, Poststrasse 161.

Druck von F. Waibel in Immenstadt.

Flugblatt, herausgegeben von „F. Waibel in Immenstadt"

Nun hörte ich eine Zeitlang direkt nichts weiter von der Sache, außer daß es Kaufman Gengl, der eine Nichte vor mir zur Frau hat, und mit dessen Familie die Eheleute Vogelsang alsbald in ein freundschaftliches Verhältniß getreten waren, es

übernommen haben, eine Versammlung der Interessenten zusammen zu bringen.
Später erhielt ich den übergebenen Brief dd [des Datums] Kaufbeuren 23.III.[18]98 und bald darauf, wohl am 26. III. fand eine Besprechung im Gasthof zur Post statt, bei der Vogelsang jedoch nicht anwesend war.
Die Besprechung verlief resultatlos, da sogar Stimmen laut wurden, die Vogelsang einen Hochstapler nannten.
Ich habe damals, das Projekt durch inserieren in der Wörishofer Zeitung und durch die von Vogelsang zugesagte persönliche Thätigkeit in Wörishofen den Fremdenverkehr dahier zu heben, vertreten.
Am 12. April fand eine weitere Versammlung statt, in der Vogelsang zwar anwesend war, jedoch da er, wie er sagte, kein Redetalent besitzt, sein Projekt nicht selbst vortrug.
Dagegen wurde von dem damaligen Besitzer der Post namens Hörman das von mir weiter übergebene, von Frau v. Vogelsang verfaßte und von mir unterzeichnete Schriftstück verlesen.
Vogelsang hat mehrfach auf Anfragen über die Art und Zahl der aufzunehmenden Inserate Aufschluß gegeben und es kam schließlich der von mir weiter übergebene Insertionsvertrag zustande.
In dieser Versammlung war von der persönlichen Thätigkeit des Angeschuldigten in seinem Auskunftsbureau u.s.w. keine Rede mehr.
Frau von Vogelsang war dabei nicht anwesend.
Am 16. April wurde ich von Frau von Vogelsang zum erstenmal ärztlich konsultiert und am 28. April, an welchem Tag sie von einer vorzeitigen Geburt überrascht wurde, nahm ich sie dann in meine Anstalt auf.
Von da ab war sie mit einer Wärterin, und mit Unterbrechungen auch er [Ludwig Vogelsang], bis 22. Juli in meiner Anstalt.

Schon am Tag nach dem zustande kommen des Vertrages – vielmehr erst am 17. erhielt ich von Vogelsang den von diesem Tag datierten Brief und zahlte ihm darauf 300 M[ark] Vorschuß aus.
Es kam auch alsbald zwischen uns ein Übereinkommen dahin zu Stande, daß der Rest der gezeichneten Beträge - es kamen nur 495 M[ark] statt 500 (Mark) zusammen, wovon noch 5 M[ark] für Botenlohn abging- mit 190 M[ark] an den Verpflegungskosten für seine Frau abgerechnet werden sollten.
In der Folge habe ich den Angeschuldigten wiederholt gedrängt, sich doch nach Wörishofen zu begeben und dort für uns thätig zu werden, erhielt aber immer die Antwort, es nütze ihm nichts in Wörishofen zu sitzen, er müsse weiter und Announcen sammeln.
Schließlich erhielt ich den Brief vom 1. Juni 1898 und ich habe ihm in der That darauf 500 M[ark] vorgestreckt.
Er reiste nach Wien und brachte von seiner Mutter 200 M[ar]k zurück wovon er mir die 500 M[ark] zurück zahlte.
Schließlich kündigte ich ihm das Zimmer, weil ich es anderwärts brauchte. Ich selbst habe zu den 490 M[ark] 100 M[ark] zugeschossen.
Ich wurde hiezu und zur Vertretung der Sache den übrigen Interessenten gegenüber weniger durch Vertrauen auf den Erfolg der Inserate als dadurch bestimmt, daß er von Anfang an fortwährend versicherte, er werde durch seine persönliche Thätigkeit in seinem Auskunftsbureau, Immenstadt, die Gegend und mein Etablissement empfehlen - namentlich haben mir die in Aussicht gestellten Saisonausflüge vortheilhaft geschienen, und ich erblicke insbesondere in der Vorlegung der verschiedenen Drucksachen dem fortwährenden Gebrauch von Briefpapier und Couverte mit dem Aufdruck „Erstes Auskunfts Bureau" u. die Vorspiegelung der falschen Thatsache, daß er in der That ein

umfangreiches Geschäft dieser Art betreibe, gerade durch diese Dinge wurde ich getäuscht u. versprach mir von den Bemühungen die er in Aussicht stellte, Erfolg. Es trat aber keinerlei Erfolg ein und ich erachte mich deshalb um den Betrag von 300 + 190 M durch die Manipulationen des Vogelsang geschädigt.

Von Frau v. Vogelsang kann ich nicht behaupten, daß sie falsche Vorspiegelungen gebraucht hätte, abgesehen davon, daß sie fortwährend bis zu ihrer Abreise immer versprochen nach Wörishofen zu gehen und dort für uns thätig zu werden.

Im Gegensatz dazu habe ich aber erfahren, daß die Vogelsangschen Eheleute damals schon anderwärts ein Anwesen zu erwerben suchten.

Hinterher habe ich von einem bei mir wohnenden Grafen aus Wien erfahren, daß der Vater des Vogelsang aus Preußen in Österreich eingewandert sei, dort convertiert habe und für die klerikale Sache schriftstellerisch thätig geworden sei, daß er in guten Verhältnissen gewesen sei, seine Söhne aber sämtlich leichtsinnig seien, so daß das Gut das er hinterließ erheblich verschuldet sei.

Ich habe den Eindruck gewonnen, daß der Angeschuldigte zwar angeblich nervös – das ist die Krankheit, auf die er sich beruft, ist, in Wirklichkeit aber nur jeder ernsten Thätigkeit aus dem Weg geht, dabei aber versteht, durch anscheinend nobles Auftreten, die Leute zu gewinnen.

Die Eheleute Vogelsang brachten immer im Nothfall die erforderlichen Mittel wieder auf und ich glaube deshalb, daß es bei ihm lediglich an gutem Willen fehlte, sein Geschäft in Wörishofen ordentlich zu betreiben u. so seinen Verpflichtungen nachzukommen.

Die in den verschiedenen Projekten und Artikeln niedergelegten Gedanken scheinen mir in der Hauptsache von Frau von Vogelsang zu kommen. Ob sie ernstlich vor hatte, diese Projekte auszuführen, kann ich nicht sagen.

Das angebliche Reisebureau war, wie ich hörte, den ganzen Sommer geschlossen.
Mit dem angeblichen InseratenBureau habe ich durch Vermittlung eines dritten Vergleichs Unterhandlung geführt und dabei erfahren, daß er fortwährend mehrere Angaben macht.
Die von dem Zeugen Herz erwähnte Vogler war die Pflegerin der Frau Vogelsang.

Dr. Uherek

3.
Ich bin durch Dr. Uherek mit dem Angeschuldigten bekannt geworden. Dr. Uherek sagte mir, Vogelsang wolle Reklame machen für Immenstadt, ich solle mich um ihn annehmen und die Geschäftsleute zu einer Besprechung zusammen bestellen.
Vogelsang setzte mir auseinander, er sei in Wörishofen sehr bekannt mit den bessern Kurgästen, er hoffe sicher, Leute hieher zu bringen, er könne natürlich nicht sagen, wieviel es werden, es wenden sich viele Ausländer Engländer und Franzosen an ihn; wenn er einmal eine Anzahl solcher hieherschicken könne, schicke er einen Courier mit, das gleiche sagte mir auch Frau von Vogelsang, sie sagte noch, sie hätte schon Leute nach Hohenschwangau gebracht, dahin seien auf ihre Veranlassung eigene Wägen von Wörishofen gegangen, zu Ausflügen hieher seien aber die Leute schon um deswillen leichter zu bringen, weil hier eine Kneippsche Anstalt sei und die Leute deshalb die Kur nicht tagelang zu unterbrechen brauchten. Diese Dinge leuchteten mir ein umso mehr als ich auch von den von den Vogelsang angegebenen Referenzen (Hotel Paari und Hotel Victoria in Wörishofen) ganz günstige Auskünfte über Vogelsang erhielt, und ebenso auch auf eine Anfrage beim Oberbürgermeister in Wien keine ungünstigen Auskunft erhielt.

Ich bestellte auch etwa 15 – 20 Geschäftsleute zu einer Besprechung zusammen. In der ersten solchen kam eine Einigung meines Wissens nicht zu Stande, vielmehr zeichneten da nur einige der Anwesenden.
In der ersten Besprechung war die Frau meines Wissens nicht anwesend, in einer späteren, bei der wohl Dr. Uherek nicht anwesend war, wiederholte sie die obigen Ausführungen.
Was sie da im Einzelnen sagte, kann ich mich nicht mehr erinnern, sie machte eben Reklame.
In der Hauptsache wurde über den Preis für die aufzunehmenden Inserate gehandelt.
Über Abonnentenzahl des Blattes machten die Angeschuldigten keine Angaben, wohl aber behaupteten sie, daß sie die Curgäste bekämen, daß es [das Blatt] in Wirthschaften dort aufliege.
Ich war durch die Ausführungen der beiden Angeschuldigten zu der Überzeugung gelangt, daß sie sicher Fremde hierher bringen würden.
Vogelsang war viel von hier abwesend, als aber Fremde hieher nicht kamen, machte ich ihm Vorhalt, daß er nichts für das Geld thue, was er erhalten werde, worauf er nur erwiderte, es seien ja noch keine Leute da in Wörishofen, er werde es schon machen [die Saison] gehe ja erst an.
Auf Ersuchen der Vogelsang ging ich auch einmal mit ihm und seiner Frau nach Bühl und es ist richtig, daß ich dem Stiefenhofer zuredete, die Announce aufzugeben und daß Stiefenhofer nur in Folge meiner Empfehlung darauf einging.
Ich erinnere mich auch, daß damals Frau v. Vogelsang die Zimmer sehr bewunderte und u.a. äußerte, das wäre jetzt ein Zimmer für den ….., wobei sie einen Namen nannte, den ich nicht mehr weiß.
Ich habe auch 20 M[ark] gezeichnet und halte mich auch um diesen Betrag geschädigt.

Ich habe hinterher namentlich über die Frau Vogelsang sehr ungünstige Nachrichten von einer Schwester von ihr erhalten, es wurde erzählt, daß sie (Vera Vogelsang) aus Meran einmal ausgewiesen worden sei, über ihren Mann hörte ich hinterher in Wörishofen auch, daß man ihn in Geldsachen keinesfalls trauen dürfe.
C Gengel.

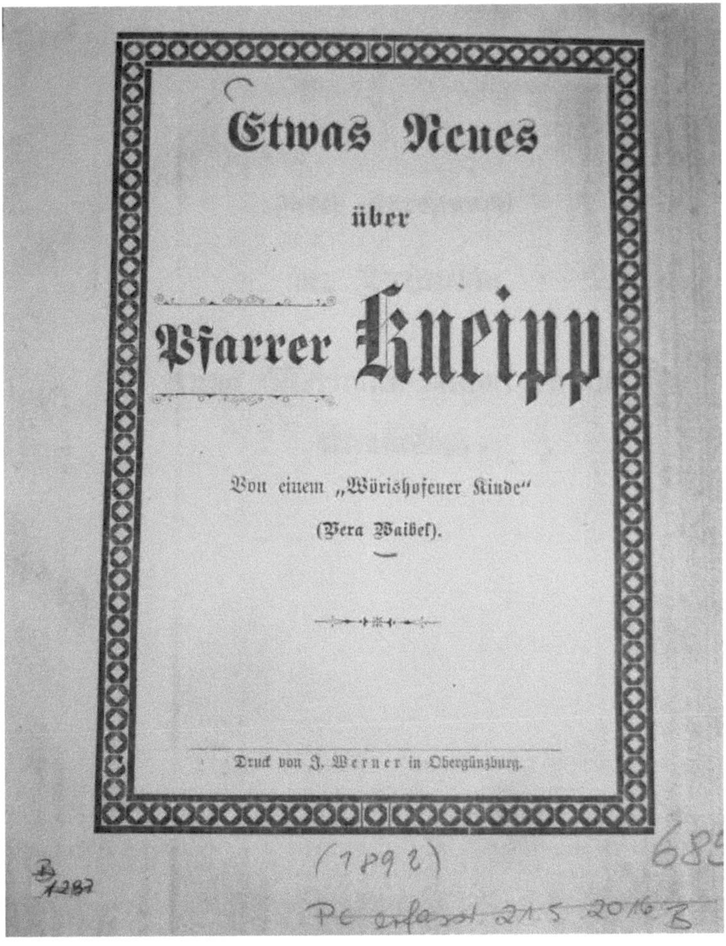
Etwas Neues

über

Pfarrer Kneipp

Von einem „Wörishofener Kinde"

(Vera Waibel).

Druck von J. Werner in Obergünzburg.

Das bayerische Allgäu.

Eldorado für Nervenleidende, Erholungsbedürftige u. Sommerfrischler.

Dem reisenden Publikum immer noch zu wenig bekannt ist eine der schönsten Perlen Bayern's, das herrliche Allgäu, mit seinem imposanten Hochgebirge, seinen saftiggrünen Wiesen und prächtigen Wäldern, seinen malerisch gelegenen Städten und Dörfern. Die Mannigfaltigkeit der Reize, die ozonreiche Luft der Gebirgsgegend, die Gemüthlichkeit und der biedere Sinn des Allgäuers, vereint mit noch manchen anderen schätzenswerthen Vorzügen, das alles übt eine von Jahr zu Jahr wachsende Anziehungskraft auf jene aus, die einer Erholung, einer körperlichen und geistigen Auffrischung bedürfen und auch für Solche, welche bloß auf einige Zeit dem [illegible] leben wollen.

Künstler, Jäger, Naturforscher, Dichter u. A. m. haben seit jeher das Allgäu und seine Berge durchzogen, beschrieben und besungen, doch waren seine Luftkurorte und prächtigen Punkte noch nicht allgemein das Ziel der Leidenden und Sommerfrischler.

Heute ist dies schon anders, wenn auch die Vorzüge des Allgäu's noch lange nicht genügend bekannt und gewürdigt sind.

Das herrliche Hindelang an der Grenze Tirol's mit seinen feschen „Buben", die Lederhosen tragen und Kniestrümpfe, die alle jodeln und juchezen, und seinen saubern „Föle" mit Sammtmieder und kurzen Röcken, ist schon seit Jahren von einer großen Zahl Sommerfrischler besucht.

Auch die Schwefelbäder in Oberdorf bei Hindelang sind längst als heilkräftig erkannt und fleißig gebraucht worden.

Das zum mindesten ebenso [illegible] Oberstdorf mit dem malerischen Freiberger See und dem entzückenden Gebirgs-Panorama wurde in den letzten Jahren besonders, so stark frequentirt, daß sich bereits ein ziemlicher Mangel an Wohnungen fühlbar machte.

Nicht minder herrlich gelegen, doch leider bis vor Kurzem noch nicht „Mode", wenn man sich so ausdrücken darf, ist eines der schönsten Juwelen

[illegible]

Kostenlose Bestellung von Wohnungen in Wörishofen und Abgabe von Hotelkarten aller Länder in Reise-Auskunfts-Verkehrs- und Wohnungs-Bureau Wörishofen.

[illegible]

Reise-Auskunfts-Verkehrs- und Wohnungs-Bureau: Bureau der Wörishofener Zeitung, Wörishofen.

In der Untersuchungssache hat die Angeschuldigte Vera v. Vogelsang angegeben, sie sei in einem Luftcurort in Lindau ausgebildet worden, sei dann zu weiteren Ausbildung in Frankreich gewesen u. habe dort das Staatsexamen als Lehrerin gemacht , eine Schwester von ihr habe eine sehr einträgliche Stellung als Direktorin einer Kneipp-Kur-Anstalt in Cleve.
Weiter behauptet ihr Mann sie solle in früheren Jahren und namentlich im Sommer 1897 von seinem Reisebureau öfter für Reiseveranstaltungen nach Füssen Hohenschwangau im Gesellschaftswagen nach Kaufbeuren engagiert worden sein.
Nach unserer weiteren Mittheilung soll sie bei dem verstorbenen Prälaten Kneipp eine Art von Sekretär-Diensten geleistet und bei Kneipp sehr gut angeschrieben gewesen, sie soll sich auch einmal in Verona aufgehalten haben.
Ich ersuche über die Richtigkeit der Sache dingend Recherchen zu pflegen

Schreiben Rentamt Augsburg
Die Angeschuldigten Ludwig u. Vera v. Voglsang, letztere geb. Waibel, geben an, sich im Jenner 1898 zu Augsburg verehelicht zu haben.

Vera Freifrau von Vogelsang
geb. Waibel
Berichte und Nachrichten
aus dem
Weltkurort Wörishofen
1894–1895

Erkundigungen des Untersuchungsrichters über das Ehepaar v. Vogelsang

Schreiben an das k[önigliche]. Amtsgericht Memmingen.

Der Redakteur Ludwig Freiherr von Vogelsang, Inhaber eines Reiseauskunftsbureaus in Wörishofen und Herausgeber der „Wörishofer Zeitung", z. Zt. [zur Zeit] wohnhaft auf dem Mariaberg bei Kempten und seine Frau Veronika, geb. Waibel, werden beschuldigt, im Frühjahr 1898 mehrere Gasthofbesitzer in Sonthofen und Immenstadt geschädigt zu haben, indem sie ihnen vorspielten, ihre Etablissements in der „Wörishofer Zeitung" empfehlen zu wollen. Dafür kassierten sie einen Vorschuss. Ludwig v. Vogelsang kam u.U. [unter Umständen] am Dienstag 22. II. 1898 zu dem Gasthofbesitzer Max Sichler – zum Engel – in Sonthofen. Diesem machte er nicht bloß etliche obige Angaben, sondern zeigte ihm auch einen Brief vor, der angeblich von seinem, dem Sichler wohlbekannten Schwager Zacharias Waibel, Handlungsreisender in Memmingen, geschrieben war u. der folgenden Inhalt hatte: „Da er immer bei Sichler wohne, möchte dieser seinen Schwager auch durch eine Annonce unter die Arme greifen. Dieser hat eine Reise-Büreau in Wörishofen und das Geld komme gewiss wieder herein, da sein Schwager ihm Kunden zuschicke." Später kam Zacharias Waibel selbst zu Sichler u. erklärte diesem auf Vorhalt, er habe den Brief nicht geschrieben, es seien bloß Finten von seinem Schwager.

I

Die Angeschuldigten gaben zur Aufklärung dieses .Aktes folgendes zu:

Zacharias Waibel habe, nachdem er an ihrer, am 15. Jenner 1898 in Augsburg stattgehabten Hochzeit theil genommen

hatte, mit ihnen eine kleine Reise gemacht, auf einer Fahrt auf dem Bodensee habe er einen Brief an den Hotelier zur Sonne in Friedrichshafen geschrieben, indem er sie empfohlen habe, u. ihnen im Anschluß daran gesagt, er ermächtige sie in gleichem Sinne an andere Hoteliers und zwar namentlich auch an Sichler zu schreiben, mit dem er sehr gut bekannt sei. In Folge dessen habe dann Veronika v. Vogelsang den bezeichneten Brief an Sichler geschrieben u. mit dem Namen des Bruders Zacharias unterzeichnet.
Ich sollte nun das ergebenste Ersuchen den Handlungs Reisenden Zacharias Waibel z.Zt. [zur Zeit] in Memmingen Promenadenstraße wohnhaft als Zeugen vernehmen und ihn namentlich auch darüber zu befragen, was ihn über die Art und Umtriebweise des Geschäftes des Angeschuldigten – nämlich in den ersten Monaten des Jahre 1898 – sowie darüber bekannt ist, warum der Angeschuldigte um jene Zeit Wörishofen verlassen habe und ob sie beabsichtigen, dorthin zurück zu kehren und ihr Geschäft weiter zu betreiben.

II
Akten an das k[önigliche]. Amtsgericht Türkheim mit dem ergebensten Zusichern, nach den genannten Personen als Zeugen zu vernehmen

1.) die Hausbesitzerin Ludovika Huber
2.) den Geschäftsführer Julius Brunner, beide zu Wörishofen

Ich gestatte mir anzufragen, daß nach den bisherigen Erhebungen des Reise= und Auskunftsbureaus der Angeschuldigte in dem Hause der Ludovika Huber betrieben, meist ein Julius Brunner im AuskunftsBureau als angeblicher Geschäftsführer tätig war.
Ich bitte die Zeugen namentlich über folgende Punkte eingehend zu befragen:

Welcher Art der Geschäftsbetrieb in dem sog. Reise- und Auskunftsbureau überhaupt war, ob derselben jemals einen nennenswerthen Umfang hatte, ob u. in welchem Umfange von demselben sind jemals Gesellschaftsausflüge für Kurgäste veranstaltet worden, seit wenn eventuell der Geschäftsgang nachgelassen hat u. ob eventuell in den ersten Monaten des Jahres 1898 in dem Geschäfte noch irgend etwas geschah und irgend welche Absicht bestand, das selbe wieder in die Höhe zu bringen.
Ob damals und später v. Voglsang u. seine Frau noch irgend wie im Geschäfte thätig waren.
In welcher Weise u. in welchem Umfange namentlich seit dem Herbst 1897 der Vertrieb der Wörishofer Zeitung von dem Bureau aus oder sonst in Wörishofen bethätigt wurde. Warum eigentlich die Angeschuldigten Wörishofen verließen u. ob anzunehmen ist, daß sie die Absicht hatten, wieder dorthin zurückziehen und den Betrieb des Geschäftes wieder selbst zu übernehmen und ob etwas über die angebliche Krankheit des angeschuldigten Ludwig v. Voglsang im Sommer 1898 bekannt ist.

Kempten , 26. März 1899
Der Untersuchungsrichter Vollmuth

Zeugenvernehmungs=Protokoll

In der Untersuchungssache gegen von Vogelsang Ludwig u. Vera, Redaktionseheleute z.Zt.[zur Zeit] in Mariaberg, wegen Betrugs

Türkheim, den 6. April 1899

Die Nachgenannten wurden zur Wahrheitsangabe ermahnt, auf die Möglichkeit späterer Beeidigung hingewiesen und einzeln unbeeidigte vernommen wie folgt:

1.) Person:
Allgemeine Fragen
Ich heiße Ludovika Huber, 45 Jahre alt, kath. Hausbesitzerswitwe in Wörishoven c.g.n.

Zur Sache:
Ich habe im Jahre 1896 vom 1. März an den damals noch unverheirateten Beschuldigten Vogelsang im Erdgeschoße meines Wohnhauses zu Wörishofen ein geräumiges Zimmer nebst der daran stoßenden Küche um einen jährlichen in vierteljährigen Raten zahlbaren Mietzins von 400 M vermietet. Das Mietverhältnis dauerte bis 1. März 1899. Glaublich im 2ten Jahre ließ ich an dem Mietzins 40 M[ark] und im 3ten Jahre 80 M[ark] nach. Der Mietzins wurde mir vollständig bezahlt. Ueber den Geschäftsbetrieb des Beschuldigten vermag ich nur anzugeben, daß er die Wörishofer-Zeitung dort heraus gab und daß (hie und wieder) Kurgäste aus- und eingingen. Welchen Umfang der Geschäftsbetrieb hatte, vermag ich nicht zu sagen, ich kümmerte mich nicht darum, obwohl ich im gleichen Hause wohnte. Ich erinnere mich nur, daß einmal, glaublich vor 2 Jahren, im Sommer Kurgäste in einem Landauer vom Bureau des Beschuldigten weg einen Ausflug

nach Hohenschwangau zum Besuche der Königsschlößer machten, so erzählten mir die Kurgäste. Auch nach Waal bei Buchloe fuhren einmal Kurgäste vom Bureau des Beschuldigten weg zum Besuche einer Theateraufführung. Ich vermuthe, diese Ausflüge hat der Beschuldigte veranstaltet.
Im Januar 1898, so glaube ich wenigstens, verließ Vogelsang mit seiner Frau, welche bis dahin auch in seinem Bureau thätig war, Wörishofen u. verschloß das Bureau. Glaublich im März 1898 kam Vogelsang wieder auf einige Tage nach Wörishofen; ob er in seinem Bureau während dieser Tage thätig war, weiß ich nicht.
Die Wörishofer=Zeitung wurde meines Wissens seit dem Jahre 1898 oder vielleicht auch noch früher nicht mehr im Bureau herausgegeben; übrigens weiß ich darüber nichts Bestimmtes, es ist möglich, daß sie auch herausgegeben wurde.
Im März 1898 schloß Vogelsang mit mir einen neuerlichen Mietvertrag ab, auf ein Jahr bis 1. März 1899 gegen einen vierteljährigen Miethzins von 80 M[ark]. Daraus schließe ich, daß er die Absicht hatte, wieder nach Wörishofen zu kommen und den Geschäftsbetriebe wieder selbst zu übernehmen.
Vogelsang kam aber nicht, sondern fand sich erst im Monat Juli auf einige Tage wieder ein; bis dahin war sein Bureau geschlossen.
Vogelsang selbst verließ dann wieder Wörishofen, dagegen kam von da ab ein gewisser Julius Brunner fast täglich in das Bureau und war das selbe geöffnet. Ob und welche Geschäfte derselbe betrieb, vermag ich nicht zu sagen. Ich erinnere mich allerdings, daß Vogelsang bei seiner Anwesenheit im Juli 1898 über Unwohlsein klagte; er erklärte, er können nicht athmen; er gab der schlechten Luft im Zimmer die Schuld. Ob er wirklich krank wurde, weiß ich nicht
V.g.u.u.
Ludovika Huber

2.) Person
Allgemeine Fragen
Ich heiße Julius Karl Brunner 20 Jahre alt, kath., led., Journalist in Wörishofen;

Zur Sache
(Seite fehlt)

... Wörishofen, um mich nur ein paar Tage dort aufzuhalten.
Ich besuchte auch den Vogelsang in seinem Bureau, er beklagte sich damals über Stechen in der Brust und Athembeschwerden; er wohnte in einem Privathaus, bei einer gewissen Fischer. Sein Unwohlsein steigerte sich derart, daß er gezwungen war, ärztliche Hilfe in Anspruch zu nehmen und nicht mehr in das Bureau gehen konnte; da sein Zustand sich nicht besserte und vielleicht eine Luftveränderung zuträglich erschien, verließ er am 3. oder 4. August 1898 Wörishofen und begab sich zu seiner Frau nach Kempten. Er hatte vor, sobald es sein Zustand erlauben würde, wieder zurückzukehren.
Vogelsang entschloß sich nur deshalb Mitten in der Saison zur Abreise, weil ich ihm versprach, bis zu seiner Rückkunft in Wörishofen zu bleiben und seine Geschäfte zu führen. Ich erhielt aber von seiner Frau schon nach ein paar Tagen die Nachricht, daß Vogelsang schwer erkrankt sei und vorläufig nicht nach Wörishofen kommen kann. Auf ihr Ersuchen erklärte ich mich bereit, die Geschäfte des Vogelsang bis zu seiner Rückkehr fortzuführen u. schickte mir Vogelsang dann auch Postvollmacht.
Ich bliebe dann bis 4. November 1898 in Wörishofen und führte im Bureau des Vogelsang dessen Geschäfte in gleicher Weise, wie dieses im Jahre 1897 geschah, allerdings infolge der Abnahme des Zugangs der Kurgäste in Wörishofen in viel geringerem Umfang.

Ich erteilte Auskünfte, stelle Reiserouten u. Zuganschlüsse zusammen, verteilte Prospekte und versuchte auch Ausflüge nach Hohenschwangau und anderen Orten zu veranstalten, allerdings ohne Erfolg, da sich nicht die genügende Anzahl an Theilnehmern meldeten.
Die Wörishofer=Zeitung gelangte während meines Aufenthaltes in Wörishofen nicht zur Verteilung.
Ich sandte allerdings an Vogelsang nach Kempten wöchentlich zwei bis dreimal Berichte aus Wörishofen auf dessen Verlangen, da er selbst die Redaktion führte; für meine Thätigkeit erhielt ich ein monatliches Salair von 60 M[ark]. Wie ich hörte dauerte die Krankheit des Vogelsang 5 – 6 Wochen.
Ich glaube auch, daß die Erkrankung des Vogelsang die Ursache war, daß die Zeitung vom August 1898 an nicht mehr erschien. Die pekuniären Verhältnisse des Vogelsang im Jahre 1898 waren mir nicht bekannt doch erhielt ich meinen Salär ausbezahlt.
Die Einnahmen aus dem Geschäfte im August bis November 1898 bestanden zum größten Theil aus dem Erlös für von dem Bureau aus verkauften Proschüren, wie Pfarrer Kneipp's Lebensbeschreibung, Lustige Kneippianer Geschichten und Anekdoten des Pfarrers Kneipp; diese Proschüren erschienen im Verlag der Wörishofener Zeitung und hatten die Frau des Vogelsang, Vera (Kneipp zulieb) Waibel, zur Herausgeberin, ferner aus den Gebühren für Auskünfte, Zusammenstellungen für Reistouren; diese Einnahmen waren jedoch sehr gering, vielleicht 20 M[ark] pro Monat. Während jener Zeit kam Vogelsang zweimal nach Wörishofen, um nachzusehen, wie die Geschäfte gehen; das erstemal, glaube ich, Mitte September, wo er auch vorhatte zu bleiben, doch erkrankte er wieder u. verließ dann Wörishofen schon nach ein paar Tagen.
In den Sommermonaten habe ich auch Reklametafeln von Immenstadt mit Ansichten des Friedrichsbades u. von

Immenstadt an schönen Tagen ausgehängt u. war für Immenstadt insofern thätig, als ich die Prospekte für Immenstadt an der Reklametafel und im Fenster anheftete und auch Immenstadt den Kurgästen als Badeort und zur Fortsetzung der Kneippkur ausdrücklich empfohlen habe, ich war hiezu von Vogelsang ausdrücklich beauftragt und er erklärte mir auch, er werde Artikel über Immenstadt in seiner Zeitung bringen, wie er das schon früher gethan hat. Auch sollte ich kontrollieren, daß die Announcen von Immenstadt immer richtig in der Wörishofener Zeitung erschienen; die Zeitung erschien jedoch nicht, weil, wie bemerkt, Vogelsang erkrankte.
Bemerken muß ich noch, daß das Bureau des Vogelsang im November oder Dezember 1898 etwa 3 Wochen lang geschlossen war, weil der k.[königliche] Gerichtsvollzieher Schmidt in Türkheim die gesamte Einrichtung für einen Gläubiger des Vogelsang gepfändet u. das Geschäft geschlossen hatte.
Als ich im Jahre 1898 zu Vogelsang kam, hatte er für sich ein möbiliertes Zimmer bei einer gewissen Fischer, soviel ich weiß gegen monatliche Bezahlung, gemiethet u. er hatte, wie bemerkt, bestimmt vor, die Geschäfte in Wörishofen selbst zu führen.
Mehr vermag ich von den Verhältnissen des Vogelsang und seinen Geschäften nicht anzugeben.
V.g.u.u.
Julius Brunner

Verhör des Ludwig v. Vogelsang

Verhoer
des Ludwig Frhr[Freiherrn]. v Vogelsang in der Untersuchung gegen ihn + Gen. wegen Betrugs

Kempten, 22 März 1899

Praes: Vollmuth, k. Ldg. Rath[königlicher Landgerichtsrat]
Unters.[uchungs]Richter Knauer

Angeschuldigter wird heute wiederholt verhört, wie folgt

Generalien richtig erhoben.

zS.[zur Sache]

Ich kann nur wiederholen, daß ich in der That zu der Zeit, als ich mit Dr Uherek und Immenstädter Interessenten unterhandelte, mein Auskunftbureau in Wörishofen noch inne hatte und ebenso eine Privatwohnung und daß ich zur Hoffnung berechtigt war, in dem Bureau u. in meiner Zeitung in der versprochenen Weise thätig zu werden .
Da ich mein Auskunftsbureau nicht persönlich betreiben konnte, nämlich, daß ich vergangenen Sommer mehrfach ernstlich erkrankte. Ich habe in Wörishofen den dortigen Arzt Dr Wernighausen sen. und hier den prakt. Arzt Dr. Fürst consultiert.
Auch wenn mir der Inhalt der vorliegenden Correspondenz mit der Firma Schuh in München vorgehalten wird, muß ich dabei bleiben, daß meine Gesundheitsverhältnisse und nicht die Unmöglichkeit meinen pekuniären Verbindlichkeiten

nachzukommen die Ursache waren, warum das Blatt schließlich nicht mehr erschien.
Die 112 M[ark] hätte ich immer noch aufbringen können.
Ich verweise namentlich darauf, daß ich, wie auch Dr. Uherek bestätigt, Ende Juni oder anfangs Juli 1000 fl [Gulden] von meiner Mutter erhielt, wovon ich die Firma Schuh hätte zahlen können, wenn mich nicht andere Gründe davon abgehalten hätten.
Ich hatte namentlich auch vor, daß ich die Rechnung der Firma Schuh durch Sachverständige prüfen lassen wollte. Da ich mich durch verschiedene bei den Lieferungen vorgekommenen Schlampereien für geschädigt erachtete. So kam z.B. einmal ein Reklameinserat eines Conkurrenzblattes durch ein Versehen der Firma Schuh in meinem Blatt. Mein Reisebureau wurde thatsächlich bis Ende der Saison 1898 weiter geführt, in welcher Weise es betrieben wurde, ergibt sich z.B. daraus, daß fortwährend der französische Führer für Wörishofen von dem ich ein Exemplar übergebe, vertrieben wurde.
Das Geschäft ist freilich schon seit dem Tode des Pfarrers Kneipp schlechter gegangen, immerhin hat aber auch noch im Sommer 1898 mein Vertreter Brunner das Vertheilen von Prospekten, das meiner Zeitung und das Ertheilen von Auskünften besorgt. Er bezog von mir dafür ein monatliches Salair von 60 M[ark].
Zum Beleg dafür, daß meine Zeitung i.J. [im Jahre] 1898 in Wörishofen zur Vertheilung gelangte, übergebe ich eine Rechnung von Ludwig Welhec in Wörishofen, ferner dafür, daß sie auch in Lindau zur Vertheilung gelangte, die Copie eines Briefes vom 13. März 1898; ferner dafür, daß ich das Bureau bis 1. März 1899 gemietet hatte, werde ich einen Beleg nachbringen.
Ich wiederhole, daß ich, als ich im Winter 1897/98 Wörishofen verließ, theils wegen der erwähnten Conkurrenz Steinweg,

theils wegen der anderweitigen Reibereien, die gegen mich, wegen meines Widerstands gegen den angeblichen Nachfolger Kneipps insceniert wurden, durchaus nicht die Absicht hatte, Wörishofen dauernd zu verlassen. Ich wollte nur nicht mehr für Wörishofen selbst Reklame machen und man hat in Wörishofen geradezu behauptet, daß gerade meine Artikel über Immenstadt den Wörishofer Badebesitzern erheblichen Schaden gebracht hätten.
Ich habe zunächst fast alle meine Sachen insbesondere meine Bureau-Einrichtung und mein Fuhrwerk in Wörishofen gelassen.
Ich beabsichtige auch jetzt noch, mein Bureau in Wörishofen wieder zu eröffnen, wie aus dem hiemit übergebenen Miethvertrag hervorgeht und meine Zeitung wieder erscheinen zu lassen, wie aus dem weiter übergebenen Correspondenzen mit Druckereien sich ergibt.
Im Einzelnen habe ich noch anzugeben:
Ich muß entschieden bestreiten, dem Sichler gesagt zu haben, daß in meinem Reisebureau allwöchentlich Anschläge über Ausflüge erfolgten, auch das habe ich ihm nicht versprochen, daß er für solche Ausflüge das Fuhrwerk stellen könne, möglich wäre, daß vielleicht Gengl einmal davon gesprochen hätte.
Auch das muß ich bestreiten, daß ich oder meine Frau bei Stiefenhofer gesagt hätten, da könnten wir den oder den Baron oder Grafen herschicken und dabei einen Armen genannt hätten. Dagegen kann ich es nicht als unmöglich bezeichnen, daß etwa meine Frau bei Besichtigung des Stiefenhoferschen Etablissements zu mir gesagt hätte, das würde dem oder dem gefallen, jedenfalls kann ich mich an eine solche Äußerung nicht erinnern und ganz sicher war sie nur für Gengl, noch viel weniger für mich, nicht einmal für Stiefenhofer bestimmt.
Es ist richtig, daß ich dem Dr. Uherek in Aussicht stellte, durch meine Thätigkeit in meinem Auskunftsbureau

Immenstadt, sein Etablissement zu empfehlen, ich hatte aber auch wirklich die Absicht, das zu thun und die Ausführung dieser Absicht unterblieb nur in Folge meines Gesundheitszustandes. Ich muß aber bemerken, daß es bei meinen Unterhandlungen mit Dr. Uherek durchaus nicht in erster Linie auf meine persönliche Thätigkeit, sondern auf die Thätigkleit meines Bureaus abgestellt war und daß dort mein Vertreter Brunner ausdrücklich beauftragt war, in dem Bureau für Immenstadt thätig zu werden.

Wenn Dr. Uherek eine falsche Vorspiegelung in Gebrauch der Drucksachen, Brriefbogen, Couverts mit dem Aufdruck „Erstes Auskunftsbureau pp." erblickt, so kann ich demgegenüber nur wiederholen, daß ich in der That ein solches Geschäft von nennenswertem Umfang betrieben habe, daß ich wenngleich der Umfang d. Geschäfts zurück gegangen war, aber hoffte es wieder in die Höhe zu bringen und daß, wenn in dem Gebrauch jener Drucksache eine Reklame machen für meine Unternehmen erblickt werden kann, von anderen Unternehmen ein und namentlich von Dr. Uherek auf dieselbe Weise in noch größerer UmfangeReklame gemacht wird.

Auf Verlangen bin ich bereit,Correspondenzen vorzulegen aus welchen sich ergibt, daß mein Correspondenzbureau von bedeutenden Firmen in Anspruch genommen wurde.

Von den beiden Reklamen[tafeln] die mir Dr. Uherek schickte wurde die eine aussen an meinem Bureau angebracht, die andere ist allerdings noch nicht ausgepackt, ich war aber zu ihrer Anbringung auch gar nicht verpflichtet.

Die Übersendung eines Theils der Zeitung nach Immenstadt ist auf Veranlassung des Dr. Uherek selbst geschehen der sie als Reklame für sein Etablissement versenden wollte, was er aber hinterher nicht that.

Als Zeugen für meine Erkrankung im Sommer 1898 in Wörishofen bezeichne ich auch meine dortige Hausfrau Fischer (Leonhard) und Huber

Zur Bestätigung
Frh. Vogelsang

Der Untersuchungsrichter
Vollmuth Knauer

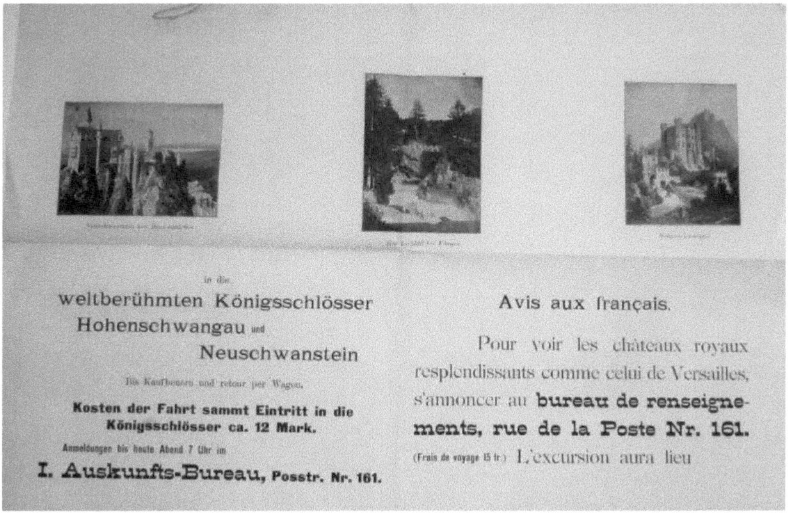

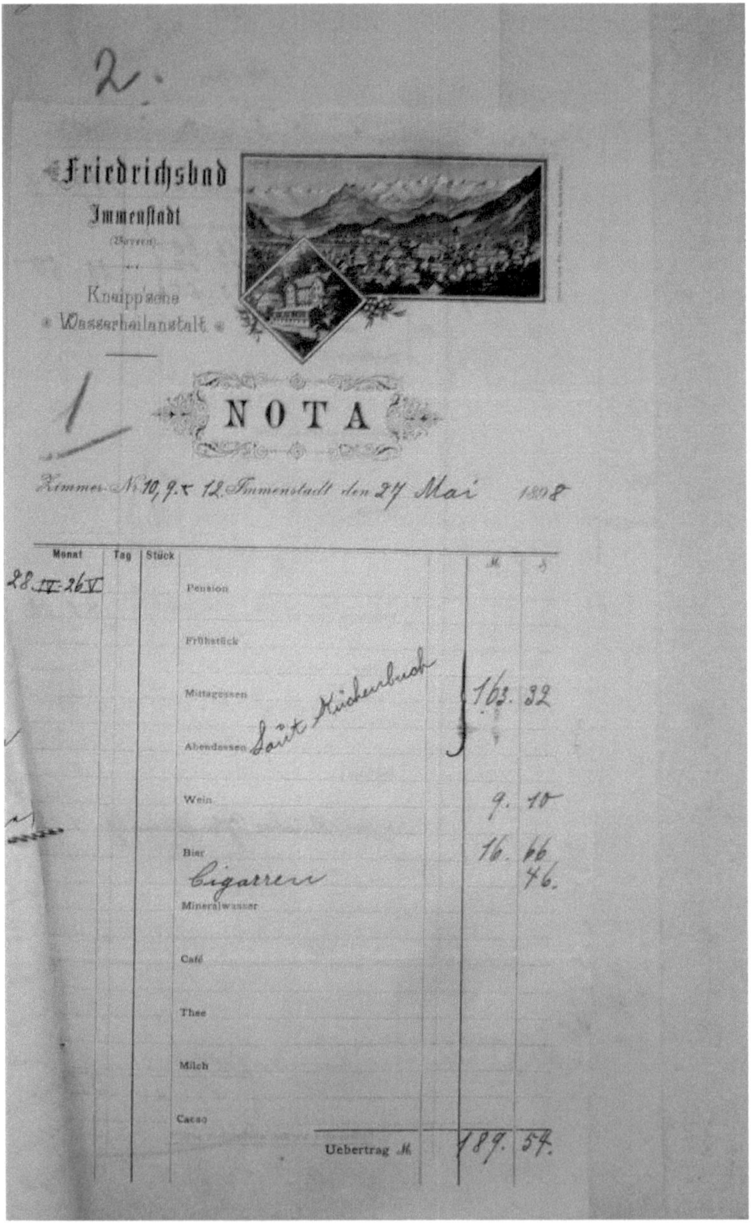

2.

Friedrichsbad
Immenstadt
(Bayern)

Kneipp'sche
Wasserheilanstalt

1

NOTA

Zimmer-Nr. 10, 9 & 12 Immenstadt, den 27 Mai 1898

Monat	Tag	Stück		M	Pf
28 IV–26 V			Pension		
			Frühstück		
			Mittagessen laut Küchenbuch	163.	32
			Abendessen		
			Wein	9.	10
			Bier	16.	66
			Cigarren		46.
			Mineralwasser		
			Café		
			Thee		
			Milch		
			Cacao		
			Uebertrag M.	189.	54.

Antrag vom Untersuchungsrichter auf Befragung von Zacharias Waibel

Der Untersuchungsrichter am k.b. [königlich bayerischen] Landgerichte Kempten

Kempten den 26. März 1899

Betreff: Untersuchung gegen Ludwig Freiherr von Vogelsang wegen Betrugs.

Der Redakteur Ludwig Freiherr v. Vogelsang, Inhaber eines Reise- und AusflugsBüreaus in Wörishofen und Herausgeber der „Wörishofer Zeitung" z.Z.[zur Zeit] wohnhaft auf dem Mariaberg bei Kempten und seine Ehefrau Veronika, geb. Waibel, sind angeschuldigt, im Frühjahr 1898 mehrere Gasthofbesitzer in Sonthofen und Immenstadt dadurch in betrügerischer Weise geschädigt zu haben, daß sie ihnen vorspiegelten, ihre Etablissements an Wörishofener Kurgäste empfehlen u. Reklame=Artikel in der „Wörishofer Zeitung" veröffentlichen zu wollen und so die Geschädigten bestimmten, ihnen Geldbeträge zu verabfolgen.
Ludwig v. Vogelsang kam u.a. auch am Fastnachtsdienstag – 22. II. 1898 zu dem Gasthofbesitzer Max Sichler zum Engel in Sonthofen. Diesem machte er nicht bloß mündlich obigen Angaben sondern zeigte ihm auch einen Brief vor, der angeblich von seinem, dem Sichler wohl bekannten Schwager Zacharias Waibel, Handlungsreisender in Memmingen, geschrieben war und etwa folgenden Inhalt hatte: „da er immer bei Sichler wohne, möchte dieser seinen Schwager auch durch eine Announce unter die Arme greifen. Dieser habe ein Reisebureau in Wörishofen und das Geld komme gewiß dadurch wieder herein, daß sein Schwager ihm Freunde

zuschicke. Später kam Zacharias Waibel selbst zu Sichler und erklärte diesem auf Vorhalt, er habe den Brief nicht geschrieben, das seien bloß Finten von seinem Schwager."
Die Angeschuldigten gaben zur Aufklärung dieses Punktes Folgendes an:
Zacharias Waibel habe, nachdem er an ihrer am 15. Januar 1898 in Augsburg stattgehabten Hochzeit theil genommen hatte, mit ihnen eine kleine Reise gemacht; auf einer Fahrt auf dem Bodensee habe er einen Brief an den Hotelier zur Sonne in Friedrichshafen geschrieben, indem er sie empfohlen habe, und ihnen im Anschluß daran gesagt, er ermächtige sie in gleichem Sinn an andere Hotelies und zwar namentlich auch an Sichler zu schreiben mit dem er sehr gut bekannt sei. In Folge dessen habe dann Veronika v. Vogelsang den bezeichneten Brief an Sichler geschrieben und mit dem Namen ihres Bruders Zacharias unterzeichnet.
Ich stelle nun das ergebenste Ersuchen, dem Handlungsreisenden Zacharias Waibel z.Z.[zur Zeit] in Memmingen, Promenadestraße wohnhaft als Zeugen zu vernehmen und ihn namentlich auch darüber zu befragen, was ihm über die Art und Betriebsweise des Geschäftes der Angeschuldigten – namentlich in den ersten Monaten des Jahres 1898 – sowie darüber bekannt ist, warum die Angeschuldigten um jene Zeit Wörishofen verlassen haben und ob sie beabsichtigten, dorthin zurück zu kehren u. ihr Geschäft weiter zu betreiben.

Der Untersuchungsrichter Vollmuth

Vernehmung von Zacharias Waibel

Protokoll
Aufgenommen in der Untersuchungssache gegen Ludwig Freiherr von Vogelsang wegen Betrugs

Memmingen, den 5. April 1899

Zacharias Waibel als Zeuge vernommen gibt an was folgt:

Waibel Zacharias, 36 Jahre alt, kath. verh[eiratet]. Handlungsreisender hier; Freiherr von Vogelsang ist der Mann meiner Schwester.

Zeuge wurden gem[äß] § 54 u. 51 Z.3 Stopp [Strafpolizeiordnung] belehrt.

z.S.[zur Sache]
Freiherr von Vogelsang war etwa 4 Jahre lang Herausgeber der durchschnittlich einmal wöchentlich, im Sommer auch öfters erscheinenden Wörishofner Zeitung u. Inhaber eines Reise= u. Auskunftbureaus in Wörishofen.
Derselbe heiratete am 15. Januar vor. Js. [vorigen Jahres] meine Schwester Veronika, welche vorher schon längere Zeit in dessen Geschäft thätig gewesen war.
Ich war Trauzeugen bei der in Augsburg stattfindenden Hochzeit u. nahm das junge Ehepaar gleich nach der Hochzeit auf ein bis 2 Wochen Aufenthalt im bayrischen Hof hier.
Freiherr von Vogelsang entlehnte damals 400 M[ark] von mir für sein Geschäft, welches, wie er versicherte, sich nach und nach hebe; nur bedürfe er möglichst vieler Announcen.

Auf einer Geschäftsreise, die mich etwa 14 Tage nach der Hochzeit an den Bodensee führte, traf ich zufällig das Vogelsangsche Ehepaar u. fuhren wir zusammen eine Strecke weit, auf dem Dampfer. Auf Bitten meiner Schwester schrieb ich eine kurze Empfehlung für deren Geschäft an mein Absteigquartier in Friedrichshafen und ermächtigte gleichzeitig, da es mir an Zeit mangelte, noch weitere Empfehlungen zu schreiben meine Schwester, daß diese in meinem Namen ähnliche Schreiben an andere Wirte, bei denen ich abzusteigen pflegte, richte und mit meinem Namen unterzeichne; insbesondere wies ich sie auf den Gasthofbesitzer Max Sichler in Sonthofen hin u. schrieb thatsächlich meine Schwester an diesen, mit der Bitte im Wörishofer Blatte zu announcieren. Hierbei bediente sie sich meiner Namensunterschrift, wie ich ihr erlaubt hatte.
Als ich einige Zeit darauf bei Silcher abstieg, äußerte dieser, er habe auf meine Veranlassung in der Wörishofner Zeitung announciert. Ließ sich hiebei merken, daß er von meiner Seite nunmehr eine gehörige Zeche gewärtige. Das verdroß mich derart, daß ich sofort in ein anderes Hotel übersiedelte, wobei ich allerdings dem Sichler gegenüber von dem Brief, den er mir auf mein Verlangen nicht vorzeigte, nichts zu wissen erklärte, da ich mich an die meiner Schwester erteilte Erlaubnis momentan nicht erinnerte.
Erst später wurde mir auf Veranlassung der Frau von Vogelsang durch eine andere Schwester diese meine Ermächtigung ins Gedächtnis zurückgerufen.
Soviel ich weiß, kehrte mein Schwager nach seiner Verehelichung nicht mehr dauernd nach Wörishofen zurück, nahm vielmehr in Immenstadt seinen Aufenthalt u. betrieb von dort aus das Wörishofener Geschäft in welches er einen Vertreter gesetzt hatte. Der Betrieb des Geschäftes bestand vor allem im Aufsuchen von Announcen für die Wörishofner Zeitung.

Ob die Vogelsangschen Eheleute vorhatten, wieder nach Wörishofen überzusiedeln kann ich nicht sagen; soviel mir erinnerlich, äußerten sie jedoch eine diesbezügliche Absicht.
Da mir das Darlehen zu 400 M[ark] nicht zurückbezahlt wurde, obwohl mir die Zurückzahlung möglichst bald versprochen worden war, so entzweite ich mich mit den Eheleuten Vogelsang.

Vgu.
Zacharias Waibel

Verhör der Eheleute Vogelsang durch den Untersuchungsrichter

Verhör in der Untersuchung gegen L.v. [Ludwig von] Vogelsang & Gen[ossin]. wegen Betrugs

Kempten, 21. April 1899

Praes: Vollmuth k. Ldg. Rath, Unters: Richter [königlicher Landgerichtstat, Untersuchungsrichter] Knauer

Wiederholt wird heute verhört

[1]
Vera von Vogelsang

z.S.[zur Sache]
In Meran habe ich mich einige Monate als Sprachlehrerin aufgehalten. Als wir s.Zt. [seiner Zeit] nach Augsburg reisten, um dort zu heiraten, hatten wir die Absicht, gleich nach der vollzogenen Trauung wieder nach Wörishofen zurück zu kehren, doch durch das Zureden meines Bruders Zacharias wurden wir bestimmt, zunächst in Augsburg, Memmingen und anderwärts Announcen zu sammeln. Wenn mein Bruder zunächst sich nicht daran erinnern wollte, daß er mich ermächtigt hat unter seinem Namen Briefe zu schreiben so mag wohl sein, daß er bei seinem nächsten Besuch bei Sichler etwas zu viel getrunken hatte, es kommt aber auch in Betracht, daß wir uns mit meinem Bruder Zacharias pekuniärer Verhältnisse wegen überworfen haben.
Mein Mann hatte ihm nämlich vielleicht schon 2 Jahre vor unserer Verheirathung 1000 M[ark] geliehen die er jedoch in Raten bis auf ca. 200 – 300 M[ark] zurück zahlte, über diese Ratenzahlung gab es Differenzen.

Richtig ist, daß er etwa um die Zeit unserer Verheirathung uns 400 M[ark] gab.
Wir hatten auch später immer die Absicht, nach Wörishofen zurückzukehren und den Betrieb des Bureaus wieder selbst zu übernehmen, aber mich selbst hielt daran mein infolge der Frühgeburt sehr leidender Zustand und noch mehr die Krankheit meines sehr schwächlichen Kindes ab, mein Mann aber erkrankte im Juli als er zur Übernahme des Geschäfts nach Wörishofen kam, sehr heftig an asmathischen nervösen Geschwüren die, wie Dr. Fürst dahier bestätigt, im Oktober noch nicht geheilt waren.
Die pek[uniären]. Schwierigkeiten waren sicherlich nicht derart, daß wir nicht hoffen durften, das Blatt & das Bureau erhalten zu können, auch der Umstand, daß ich sobald nach der Verehelichung niederkam, hätte mich nicht abgehalten nach Wörishofen zurück zu kommen, ich hätte ja das Kind anderwärts unterbringen können und man hätte dann in Wörishofen von meiner Entbindung gar nichts gewußt. Ich wiederhole also, daß ich während unseres ganzen Aufenthalts in Immenstadt und auch später noch vor hatten, nach Wörishofen zurück zu kehren und dort in der versprochenen Weise thätig zu werden; wir haben das auch jetzt noch vor und haben bereits ein neues Bureau gemietet und
Der Angeschuldigten wird hiemit der Schluß der Voruntersuchung bekannt gegeben
l.A.
Vera v. Vogelsang

2
Ludwig v. Voglsang

z.S.[zur Sache]

Ich habe meinen früheren Angaben nichts weiter beizufügen und möchte lediglich die unterzeichneten Papiere zu den Akten übergeben

1 eine Anzahl Adressen die darlegen, daß mein Auskunftsbureau wirklich bestanden hat.

2 zwei Karten, die beweisen, daß wirkliche Ausflüge von mir arrangiert wurden

3. 1 Brief des Hotelier Engel

Freispruch der Eheleute Vogelsang

An die Strafkammer dahier mit dem Antrage, Ludwig und Vera von Vogelsang mangels genügender Verdachtsgründe außer Verfolgung zu setzen

Kempten, 29. April 1899

Funke II. St[aatsanwalt].

Beschluß

Die Strafkammer des k[öniglichen]. Landgerichtes Kempten hat in seiner geheimen Sitzung vom 3. Mai 1899 in Gegenwart d. k. Landgerichtsdirektors Kraus, des Oberlandesgerichtsrats Leitgerber u. d. k. [und des königlichen] Landgerichtsrats Maul in der Untersuchungssache gegen die Redakteurseheleute v. Vogelsang Ludwig u. Vera z.Z.[zur Zeit] in Mariaberg wegen Betrugs auf den Antrag des k. Staatsanwalts vom 29. v. Mts.[vorigen Monats] beschlossen

In Erwägung, daß hinreichende Verdachtsgründe dafür nicht vorliegen, daß v. Vogelsang Ludwig und Vera in vorigen Jahren dem Gasthofbesitzer Max Sichler, den Gastwirten Josef Bathl und Franz Herz, wohnhaft in Sonthofen sowie dem Dr. Uherek in Immenstadt und andern in jener Gegend falsche Thatsachen vorspiegelten, um sich einen rechtswidrigen Vermögensvorteil zu verschaffen, werden die beiden Genannten von der Anklage je eines fortgesetzten Vergehens des Betrugs nach § 63 d k Gez. unter Ueberbürdung der Kosten des Verfahrens auf die Staatskasse außer Verfolgung gesetzt.

Leitgerber, Maul

Folgende Abbildungen sind aus dem eingangs erwähnten Akt im Staatsarchiv in Augsburg

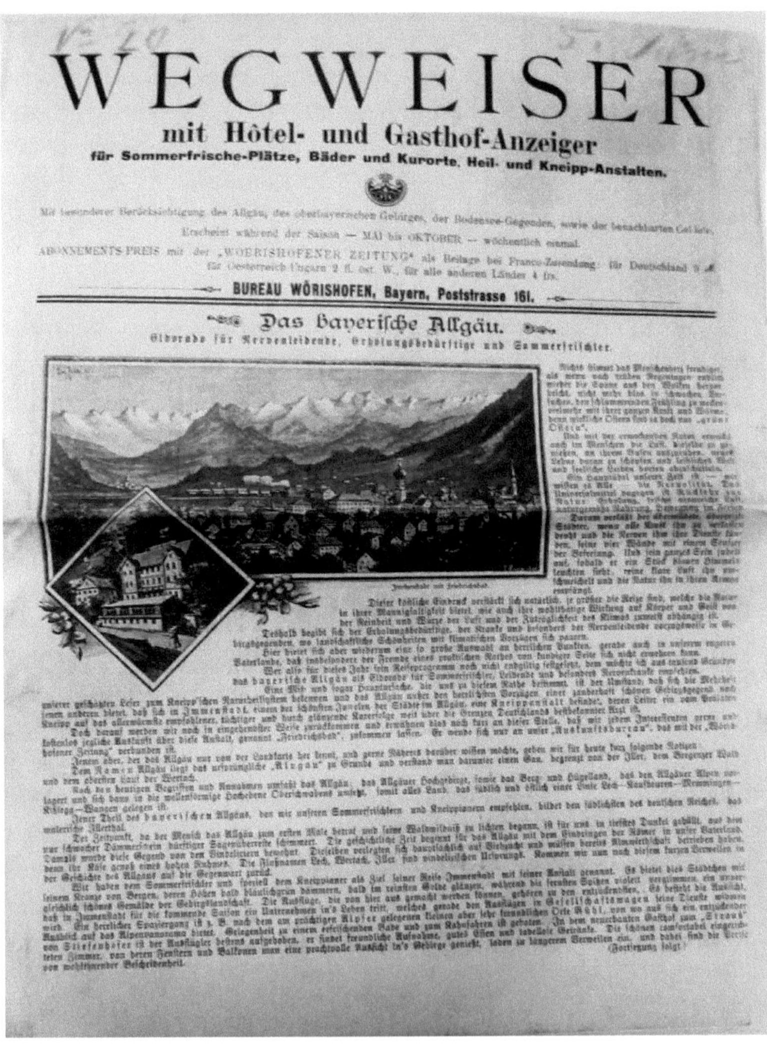

WEGWEISER

mit Hôtel- und Gasthof-Anzeiger

für Sommerfrische-Plätze, Bäder und Kurorte, Heil- und Kneipp-Anstalten.

Mit besonderer Berücksichtigung des Allgäu, des oberbayerischen Gebirges, der Bodensee-Gegenden, sowie der benachbarten Gebiete.

Erscheint während der Saison — MAI bis OKTOBER — wöchentlich einmal.

ABONNEMENTS-PREIS mit der „WOERISHOFENER ZEITUNG" als Beilage bei Franco-Zusendung: für Deutschland 3 M, für Oesterreich-Ungarn 2 fl. öst. W., für alle anderen Länder 4 frs.

BUREAU WÖRISHOFEN, Bayern, Poststrasse 161.

Das bayerische Allgäu.

Eldorado für Nervenleidende, Erholungsbedürftige und Sommerfrischler.

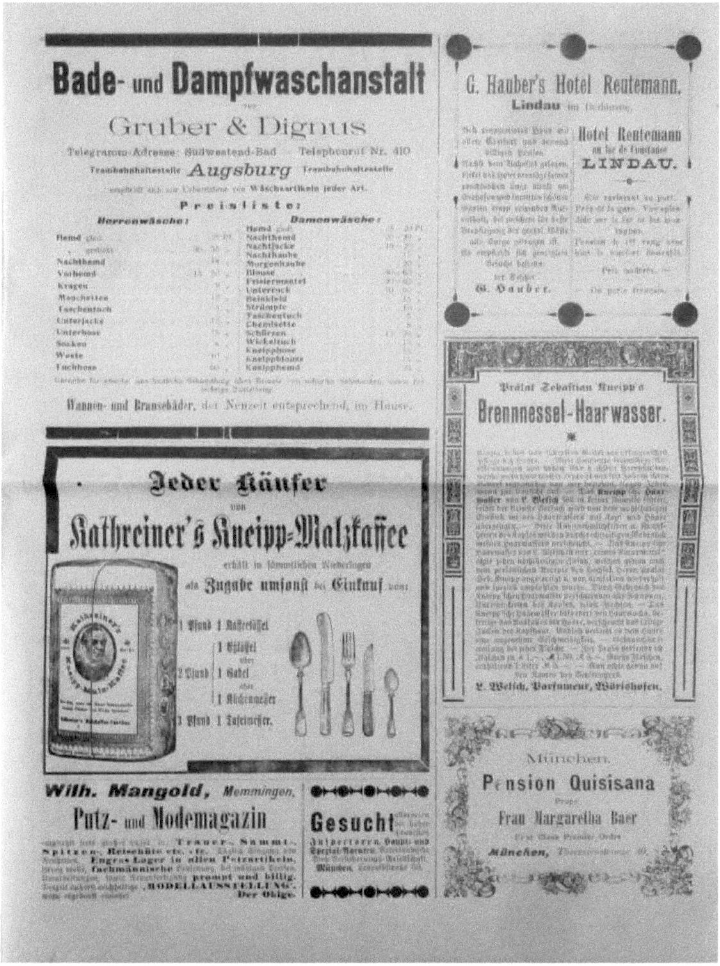
Bade- und Dampfwaschanstalt
Gruber & Dignus
Telegramm-Adresse: Südwestend-Bad Telephonruf Nr. 410
Trambahnhaltestelle Augsburg Trambahnhaltestelle
Wäschartikeln jeder Art.
Preisliste:
Herrenwäsche:
Hemd
Nachthemd
Vorhemd
Kragen
Manschetten
Taschentuch
Unterjacke
Unterhose
Socken
Weste
Tuchhose
Damenwäsche:
Hemd
Nachthemd
Nachtjacke
Nachthaube
Morgenhaube
Blouse
Frisiermantel
Unterrock
Beinkleid
Strümpfe
Taschentuch
Chemisette
Schürzen
Wickeltuch
Kneipphose
Kneippblouse
Kneipphemd
Wannen- und Brausebäder, der Neuzeit entsprechend, im Hause.
G. Hauber's Hotel Reutemann.
Lindau
Hotel Reutemann
LINDAU.
G. Hauber.
Jeder Käufer
von
Kathreiner's Kneipp-Malzkaffee
erhält in sämmtlichen Niederlagen
als Zugabe umsonst bei Einkauf von:
1 Pfund 1 Kaffeelöffel
1 Eßlöffel
2 Pfund 1 Gabel
1 Küchenmesser
3 Pfund 1 Tafelmesser.
Prälat Sebastian Kneipp's
Brennnessel-Haarwasser.
L. Welsch, Parfumeur, Wörishofen.
Wilh. Mangold, Memmingen,
Putz- und Modemagazin
Engros-Lager in allen Putzartikeln,
prompt und billig.
Der Obige.
Gesucht
München,
München.
Pension Quisisana
Frau Margaretha Baer
München,

Hôtel „Bayrischer Hof“
Augsburg

Besitzer Wiedemann.

Cur-Hotel Gary
Wörishofen.

Cure Hôtel Gary
Wörishofen.

Restaurant de I. ordre.

Voitures à volonté

Prix modérés.

Immenstadt im Allgäu, Klosterplatz.

Salon de coiffure Klosterplatz

MEMMINGEN.
Weinstube zum Rebstock
(Mitte der Stadt am Marktplatz.)

Freundliches neurestauriertes Local.

Vorzügliche echte Weine

offen, in Flaschen, kleinen und grösseren Gebinden.

Café. — Kalte Speisen.

Joh. Wiedenmayer.

Junger Mann

Vorder-Schinken

per Pfund 60 Pfg.

Jac. Frid,
Neustadt a. H.

Schuhe
Stiefletten
Sandalen etc.

Leo Entensperger

Oberhalb dem Kurhaus,

Nur Nachmittags geöffnet.

Annahme von Reparaturen.

Grösstes Sandalenlager.

Memmingen
Hotel zum Falken | Hôtel du Faucon

A. Haselbauer.

Abtritt-Gruben

Weltpatent
Asbest-Einlag-Sohlen.

Dr. Högyes'sche patent. Asbestbrandsohlen

Ungarische Schuhfabrik VI., Epreskert-gasse Nr. 35.

Färberei, Druckerei und Appretur-Anstalt

L. Weixler, Memmingen

Eugen Klotz,
STUTTGART.

Wöchtl. 15 Mk. Gehalt

A. Paeschke,

Friedrichsfelde b. Berlin.

gilt für letzten April

Wörishofener Zeitung.

Badeblatt und ältestes Lokalblatt Wörishofens.

Die Wörishofener Zeitung erscheint wöchentlich [illegible] Preis pro Quartal 1 M. [illegible] durch die k. Post bezogen 1 M. [illegible] Bestellgebühr. Die einzelne Nummer kostet 10 ₰. Bestellungen sowie Inserate sind an das Bureau [illegible] nächst dem kgl. Postamt zu richten.

Insertionspreis: die 4spaltige Petitzeile oder deren Raum 10 ₰. Bei Wiederholung entsprechender Rabatt. Verantwortlich für Redaktion und Verlag J. L. Vogellang, Wörishofen. Druck von [illegible] & Cie. München.

Nr. 16. — Sonntag, den 1. Mai 1898. — 6. Jahrgang.

Die Hochzeit im dänischen Königshause.

Prinz Christian von Dänemark und seine Braut Herzogin Alexandrine von Mecklenburg-Schwerin.

Zu Cannes in der Villa Wenden fand am verflossenen Dienstag die Civiltrauung des Prinzen Christian von Dänemark und der Prinzessin Alexandrine von Mecklenburg-Schwerin statt. Der Bräutigam Prinz Christian ist der älteste Sohn des Kronprinzen Friedrich von Dänemark und dazu berufen, dereinst über Dänemark zu herrschen; er ist am 26. September 1870 geboren und erfreut sich der größten Popularität.

Die Braut, Herzogin Alexandrine Auguste ist die älteste Tochter des Großherzogs Friedrich Franz von Mecklenburg-Schwerin, geboren am 24. Dezember 1879. Die Heirath der beiden Fürstensprößlinge ist eine richtige Neigungsheirath und den Neuvermählten wurde von den hohen Verwandten nicht durch das bedingte Ceremoniell, sondern diesmal aus vollem Herzen Glück gewünscht.

Die Hochzeit zu Cannes wurde mit dem Glanze und Pomp gefeiert, wie es bei Vermählungen an regierenden Fürstenhäusern Sitte ist. Die Trauzeugen für den Bräutigam, der Herzog von Cumberland und Baron Blixen-Finecke, für die Braut der Großfürst Michael Nikolajewitsch von Rußland und der Herzog Johann Albrecht, der Prinz-Regent von Mecklenburg. Der Civiltrauung, welche der Standesbeamte Hibert am Dienstag Vormittags 11 Uhr vornahm, schloß sich am Nachmittag des genannten Tages die kirchliche Trauung in der deutschen Kirche zu Cannes an.

Wir reproduziren heute die Porträts der hohen Vermählten, welche umsomehr allgemeine Bedeutung haben, als Prinz Christian der Thronerbe unseres Nachbarreiches Dänemark ist.

Das bayerische Allgäu.

Mit jedem Jahre zieht sich der Schwarm der Sommerfrischler, der Stärkungs- und Erholungsbedürftigen in größern Schaaren in die herrlichen Berge des Allgäu's und doch ist dieser gesegnete Landstrich mit seiner geradezu bestrickenden landschaftlichen Schönheit und seinem bevorzugten Klima noch lange nicht genügend bekannt.

Das bayerische Allgäu oder vielmehr jener Theil des Allgäu's, mit dem wir uns hier beschäftigen, befindet sich im südwestlichen Bayern und umfaßt das Gebiet der obern Iller.

Das Gebiet der Iller und seine Thäler sind die Centralfurche dieses Alpengaues mit seinen zahlreichen Bergstöcken, Wänden, Pyramiden und Klippen.

Alle die Touren zu beschreiben, die aus Nah und Ferne hier gemacht werden können und stets neue Ueberraschung und neues Entzücken bieten, dazu ist der Rahmen eines Artikels viel zu klein. Im Thale und auf den Bergen, über Joche und Höhen, in tief eingeschnittene dunkle Schluchten und grüne blumige Wiesenthäler, auf üppige Sennböden, vorüber an brausenden Wasserfällen führen die Wege und überall ist es wunderschön.

Wer aber nicht blos als Tourist das Allgäu durchwandert, sondern ein schönes Plätzchen sucht, um für einige Wochen oder Monate sich zu erholen, die ozonreiche würzige Gebirgsluft in vollen Zügen zu athmen, mit einem Worte in die Sommerfrische zu gehen, dem rathe ich, Immenstadt zu wählen.

Leidende, die nicht blos am Busen der Natur, sondern auch in einer gut geleiteten Naturheil- oder Kneipp-Anstalt Linderung und Heilung suchen, finden ebenfalls in Immenstadt das beste, was in dieser Hinsicht geboten werden kann.

Immenstadt ist in malerischer Lage zu Füßen hoher dunkler Waldberge, dem Immenstädter Horn und dem Mittag, mit einem herrlichen Blick auf den Grünten und die Allgäuer Alpen, die Hindelanger und Hintersteiner Berge.

Es bietet der Vorzüge so viele in seiner landschaftlichen Schönheit, seinen Bergen und Seen, seiner großartigen Umgebung, seinem vorzüglichen Klima, seiner Muster-Anstalt nach Kneipp'schem System, daß es wie geschaffen ist als eigentliches Eldorado der Sommerfrischler und besonders der Nervenleidenden.

Auf diese Vorzüge näher einzugehen und dem Fremden einen Führer durch diesen reizenden Erdenfleck in Wort und Bild zu bieten, wird unser Blatt noch öfters im Laufe der Saison Gelegenheit nehmen.

Ausland.

Brodkrawalle.

Rom, 29. April. Immer weiter greifen die Unruhen wegen der Brodtheuerung um sich und die Behörden stehen der Menge fast machtlos gegenüber. In [illegible] drang gestern die Menge in das Regierungsgebäude ein und verwüstete einige Bureaus, nachdem sie die Polizei überwältigt hatte. In einem Bureau des Rathhauses wurde Feuer angelegt, das jedoch bald wieder gelöscht wurde. Die Menge zerstreute sich, als der Bürgermeister erklärte, daß der Brodpreis auf [illegible] Centimes herabgesetzt sei.

Der spanisch-amerikanische Krieg.

Madrid, 29. April. Eine amtliche Depesche des Generals Blanco berichtet, das feindliche Geschwader habe sich in östlicher Richtung nach dem Kanal zu entfernt. Gegenüber von Dionar in der Provinz Pinar del Rio sei ein amerikanisches Panzerschiff aufgelaufen. Drei andere Schiffe seien damit beschäftigt, den Panzer flott zu machen. Eine Abtheilung Freiwilliger bewache den Strand. — Nach einer Depesche des „Imparcial“ aus Havanna haben die Aufständischen Artemisa, südwestlich von Havanna angegriffen, sind aber zurückgeschlagen worden.

Madrid, 29. April. Das spanische Geschwader hat Kap Verde mit versiegelter Ordre verlassen, die dem befehlenden Admiral noch am 23. d. M. von dem in Madrid versammelten Kriegsrath übermittelt worden ist. Die beiden Panzerschiffe der Flotte führen für 18 Tage Kohlen, was für größere Expeditionen nicht ausreichen dürfte. Ob die Flotte in der Lage ist, unterwegs neue Kohlen einzunehmen, ist schwer zu sagen.

Madrid, 29. April. Im Senate erklärte der Marineminister Bermejo, der Kapitän des Kanonenbootes „Montserrat“ werde befördert werden, und fügte hinzu, die Blokade von Kuba widerspreche dem Völkerrechte; der Minister des Auswärtigen werde diesterhalb an die Mächte appelliren. — Die Nachrichten vom Abschlusse einer Anleihe mit England gegen Verpfändung der Philippinen ist unbegründet.

Ein Telegramm des Generalgouverneurs Blanco besagt, das amerikanische Geschwader änderte seine Stellung nicht.

Die Spanier können eine erfolgreiche Waffenthat berichten. General Augustin in Manila hat die amerikanische, 1640 Tonnen laden[illegible] Kohle führende Fregatte „Saranac“ durch das spanische Kanonenboot „El Cano“ weggenommen. Die Blätter beglückwünschen lebhaft die Mannschaft des „El Cano“.

Was in Kuba weiter geschieht, hängt, wie dem „Daily Chronicle“ aus Washington telegraphirt wird, von dem Berichte des Lieutenants Rowan ab.

Wörishofener Zeitung.

Badeblatt und amtliche Fremdenliste.

Verbreitetes Lokalblatt Wörishofens.

Nr. 8. | Sonntag, den 27. Februar | 1898.

Die Märzrevolution in Berlin 1848.

Der revolutionäre Zug, der von Paris aus sich nach Deutschland fortpflanzte, brachte in Preußen große Bewegung hervor. In Berlin fanden vom 6. März an täglich Zusammenkünfte statt und unter den Zelten im Thiergarten wurde eine Adresse berathen, die von den Literaten und Männern der sogenannten Zeitungshalle vorbereitet war. Am 14. März erbat sich der Berliner Magistrat beim König eine Audienz, um ihm die Volkswünsche vorzutragen. Als die Nachrichten von der Volksbewegung in Wien kamen, zögerte der König von Preußen nicht länger und verkündete am 17. März die Preßfreiheit, sagte die Berufung des Landtages schon auf den 2. April zu und entließ das bisherige Ministerium. Aber es gab viele Hetzer in Berlin und von diesen ging wieder „unter den Zelten" die Forderung aus, der König solle alles Militär aus Berlin entfernen. Ein großer Zug nach dem Schlosse sollte diese Forderung zur Geltung bringen. Ein anderer, mehr loyaler Zug des Magistrates und der Bürgerschaft sollte dem König für die Konstitution danken und den radikalen Zug auf die Seite schieben.

Als am 18. März Mittags die beiden Züge den Schloßplatz erfüllten, trat der König auf den Balkon heraus, grüßte lebhaft und wurde mit Hochrufen empfangen. Mitten im Lärm vernahm man eine starke Stimme vom Balkon: „Der König bewilligt Alles!" Beim Gedränge hörte man [illegible] die Rufe: „Fort mit dem Militär!" und der Pöbel fing an, Roß und Reiter von hinten zu stoßen und zu stacheln, als plötzlich zwei Schüsse fielen, ohne Jemand zu verwunden. Da schrie man „Verrath!" und „Zu den Waffen!" Die Menge zerstob und wie mit einem Zauberschlage erhoben sich auch schon in allen Straßen Barrikaden. Der König war außer sich und ließ eine weiße Fahne aus dem Schlosse tragen mit der Inschrift: „Ein Mißverständniß, der König will das Beste." Aber Alles half nichts mehr. Die Wühler aus der Zeitungshalle schossen auf die Schildwachen und zwangen das Militär zum Kampfe. Die Truppen drangen vom Schloß und von den Thoren gegen das mit Barrikaden gefüllte Innere der Stadt vor. 19 Stunden währte der Straßenkampf und erst am nächsten Morgen 8 Uhr (an einem Sonntag) marschirten Truppen [illegible], als plötzlich der Befehl gegeben wurde, das Schießen einzustellen. Vom

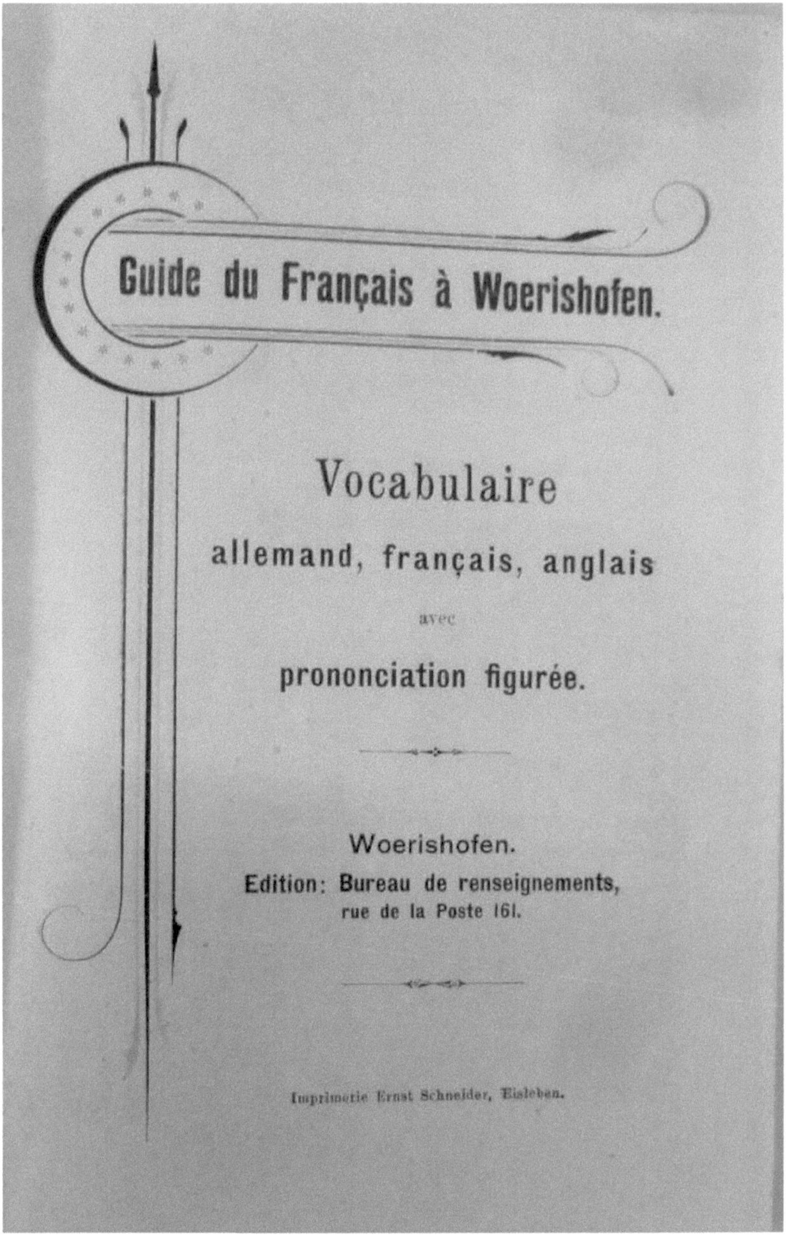

Guide du Français à Woerishofen.

Vocabulaire

allemand, français, anglais

avec

prononciation figurée.

Woerishofen.

Edition: Bureau de renseignements,

rue de la Poste 161.

Imprimerie Ernst Schneider, Eisleben.

Itinéraire.

Pour venir de *Paris à Woerishofen*, deux lignes s'offrent au choix des voyageurs. La première sur Nancy, Strassbourg, Karlsruhe, Stuttgart, Augsbourg et Munich. C'est le trajet de l'Express-Orient, par conséquent le plus direct et le plus court — 17 heures —. La deuxième lingne sera certainement préférée des touristes, parce elle permet de traverser un joli coin de la suisse, elle offre presque sur tout le parcourt les points de vue les plus agréables.

En quittant Paris on se dirige sur Troyes, Belfort, Bale, Zurich, Romanshorn ou on prend le bateau pour traverser le lac de Constance (coup d'œil splendide, rives charmantes) à Lindau, on reprend le chemin de fer après avoir fait visiter ses bagages à la Douane, jusqu'à Buchloe. Là, on descend de voiture pour prendre la ligne de Türkheim où on trouve des voitures à volonté. Si on prend l'Express-Orient, on peut descendre soit à Augsbourg soit à Munich; de l'une ou l'autre de ces stations, on trouve des trains se dirigeant sur Buchloe et de Buchloe à Türkheim. Trajet: 21 heures.

Prix	Ière classe	106	Mark	60	Pf.
„	IIème „	74	„	05	„
„	IIIème „	49	„	20	„

De *Lyon*, l'itinéraire est le même à partir de *Genève* et Bâle.

Arrivée à la gare de Türkheim.

Dernière station du chemin de fer, à une 1 heure de Woerishofen (20 minutes en voiture).

Ici, l'étranger doit se faire conduire et faire transporter ses bagages par un des nombreux cochers de place, qui se trouvent à l'arrivée de tous les trains. Les prix de transport en voiture est de

Tarif des cochers:

Une voiture à	1 cheval Me.		à 2 chevaux		Omnibus 1 Person	
	ℳ	₰	ℳ	₰	ℳ	₰
Gare Türkheim-Woerishofen.....	3	—	5	—	1	—
Türkheim Markt...	4	—	6	50	1	—
Schöneschach	2	—	4	—	—	—
Gammenried	2	—	4	—	—	—
Stockheim	2	—	4	—	—	—
Kirchdorf.........	2	—	4	—	—	—
Dorschhausen	2	—	4	—	—	—
Mindelau	3	—	5	—	—	—
Mindelheim	5	—	8	—	1	—
Mattsies	5	—	8	—	1	—
Buchloe	5	—	9	—	1	—
Kaufbeuren	6	—	10	—	1	20
Waal.............	6	—	10	—	1	20

Voir au vocabulaire relativement au cocher.

Adresses des cochers:

Bauer, Lohnkutscher, Bachstrasse 84.
Bök Max, Lohnkutscher, Hauptstrasse 6.
Eichinger Hubert, Lohnkutscher, Klostergasse.
Gary Georg, Hôtel Gary, Hauptstrasse 159.
Grötz Adolf, Hôtel Luitpold, Bachstrasse 165.
Koch, Hôtel Ville de Munich, Dirlewangerstrasse 160.
Kreitmaier Sylvest., Lohnkutscher, Neuestrasse 170½.
Miller Apolinaris, Hauptstrasse.
Müller Johann, Lohnkutscher, Eichwaldstrasse 134.

Pimersperger Jos., Lohnkutscher, Eichwaldstrasse 133.
Schneider, Lohnkutscher, Hauptstrasse 33½.
Singer Johann, kgl. Poststallhalter, Hauptstrasse 12.

Lorsque la voiture est occupée par d'autres personnes encore, chaque personne paie 1 Mark.

Bagages:

jusqu'à 25 kilos . . . . 50 Pfg.
„ „ 50 „ . . . . 1 Mark.

Arrivée à Woerishofen.

L'étranger qui a retenu sa chambre par avance n'aura qu'à en remettre l'adresse au cocher qui l'y conduira directement.

S'il n'a pas retenu de chambre, ce qui est toujours fort ennuyeux, le voyageur devra alors s'adresser au 1er bureau de renseignements. Nous conseillons aux baigneurs de toujours arrêter leurs chambres par avance, ce qu'ils peuvent facilement faire par correspondance en s'adressant à ce même bureau Poststrasse (rue de la Poste) Nr. 161.

Il n'est pas prudent de compter sur les agents de logement qui se trouvent à l'arrivée des voitures, car souvent, vous n'êtes pas compris et risquez fort de ne pas trouver de chambres telles que vous désirez.

Il est préférable de se rendre au **bureau de renseignements** qui donne les renseignements les plus exacts tant sous le rapport des logements qu'au point de vue des démarches à faire pour le traitement. On y parle toutes les langues. On évitera ainsi d'être exploité par les agents des hôtels qui s'offrent à guider les voyageurs.

Ce bureau se trouve près de la gare et du bureau de poste, rue de la poste (Poststrasse) Nr. 161.
